Kinesisk Kulinarisk Kung Fu
En Smagsrejse til Kina

Lin Chen

Indhold

Rejer med litchisauce 10
Stegt mandarin rejer 11
Rejer med mangetout 12
Rejer med kinesiske svampe 13
Rejer og dampede ærter 14
Rejer med mangochutney 16
Peking rejer 18
Rejer med peberfrugt 19
Stegte rejer med svinekød 19
Stegte rejer med sherry sauce 21
Stegte rejer med sesamfrø 22
Stegte rejer i skal 23
Stegte rejer 24
Tempura rejer 25
Dæk 25
Rejer med tofu 27
Rejer med tomater 28
Rejer med tomatsauce 28
Rejer med tomat og chilisauce 29
Stegte rejer med tomatsauce 30
Rejer med grøntsager 32
Rejer med vandkastanjer 33
Rejer Wontons 34
Abalone med kylling 35
Abalone med asparges 36
Abalone med svampe 37
Abalone med østerssauce 38
dampede muslinger 39
Kammuslinger med bønnespirer 39
Kammuslinger med ingefær og hvidløg 41
Shell Kone 42

Krabbekager *43*
Kræftcreme *44*
Krabbekød med kinesiske blade *45*
Foo Yung krabbe med bønnespirer *46*
Krabbe med ingefær *47*
Krabbe Lo Mein *48*
Stegt krabbe med svinekød *50*
Stegt krabbekød *51*
Stegte blækspruttekugler *52*
Kantonesisk hummer *53*
Stegt hummer *54*
Dampet hummer med skinke *55*
Hummer med svampe *56*
Hummerhale med svinekød *57*
Stegt hummer *58*
hummerreder *59*
Muslinger i sort bønnesauce *60*
Muslinger med ingefær *62*
dampede muslinger *64*
Stegte østers *65*
Østers med bacon *66*
Stegte østers med ingefær *67*
Østers med sorte bønnesauce *68*
Skaller med bambusskud *69*
Kammuslinger med æg *70*
Kammuslinger med broccoli *71*
Kammuslinger med ingefær *73*
Kammuslinger med skinke *74*
Kammusling virvare med krydderurter *75*
Svits kammusling og løg *76*
Kammuslinger med grøntsager *77*
Kammuslinger med paprika *78*
Blæksprutte med bønnespirer *79*
Stegt blæksprutte *81*
Blækspruttepakker *82*
Stegt blæksprutterulle *84*

Blækspruttemænd *85*
Blæksprutte med tørrede svampe *86*
Blæksprutte med grøntsager *87*
Braiseret oksekød med anis *88*
Oksekød med asparges *89*
Oksekød med bambusskud *90*
Oksekød med bambusskud og svampe *91*
Kogt kinesisk oksekød *92*
Oksekød med bønnespirer *93*
Oksekød med broccoli *94*
Sesamkød med broccoli *95*
Steget kød *97*
Kantonesisk oksekød *98*
Oksekød med gulerødder *99*
Oksekød med cashewnødder *100*
Slow Cooker oksegryde *101*
Oksekød med blomkål *102*
Oksekød med selleri *103*
Skive oksekød med stegt selleri *104*
Hakket oksekød med kylling og selleri *105*
Oksekød med Chile *106*
Oksekød kinakål *108*
Oksebøf Suey *109*
Oksekød med agurk *110*
Beef Chow Mein *111*
agurkefilet *113*
Roastbeef karry *113*
Almindelig stegt kylling *115*
Kylling i tomatsauce *117*
Kylling med tomater *117*
Pocheret kylling med tomater *118*
Kylling og tomater med sort bønnesauce *119*
Hurtigstegt kylling med grøntsager *120*
Kylling med valnødder *121*
Kylling med valnødder *122*
Kylling med vandkastanjer *123*

Saltet kylling med vandkastanjer *124*
kylling wontons *126*
Sprøde kyllingevinger *127*
Fem krydderi kyllingevinger *128*
Marinerede kyllingevinger *129*
Ægte kyllingevinger *131*
Kyllingevinger med krydderier *133*
grillede kyllingelår *134*
Hoisin kyllingelår *135*
Dampet kylling *136*
Sprødstegt kylling *137*
Helstegt kylling *139*
Fem-krydder kylling *140*
Kylling med ingefær og purløg *142*
pocheret kylling *143*
Rød kogt kylling *144*
Rødkogt krydret kylling *145*
Stegt kylling med sesam *146*
Kylling i sojasovs *147*
dampet kylling *148*
Dampet kylling med anis *149*
Underligt smagende kylling *150*
Sprøde kyllingestykker *151*
Kylling med grønne bønner *152*
Kogt kylling med ananas *153*
Kylling med peberfrugt og tomater *154*
Sesam kylling *155*
stegte kyllinger *156*
Tyrkiet med Mangetout *157*
Kalkun med peberfrugt *159*
kinesisk stegt kalkun *161*
Kalkun med valnødder og svampe *162*
And med bambusskud *163*
And med bønnespirer *164*
Stuvet and *165*
Stuvet and med selleri *166*

And med ingefær 167
And med grønne bønner 169
Stuvet and 171
And med eksotiske frugter 172
Dampet and med kinesiske blade 174
beruset and 175
Fem-krydderi and 176
Andesteg med ingefær 177
And med skinke og porrer 178
Andesteg med honning 179
Fugtig andesteg 180
Andesteg med svampe 181
And med to svampe 183
Stuvet and med løg 184
And med appelsin 186
Andesteg med appelsin 187
And med pærer og kastanjer 188
Peking and 189
Stuvet and med ananas 192
Andesteg med ananas 193
Ananas og ingefærand 195
And med ananas og litchi 196
And med svinekød og kastanjer 197
And med kartofler 198
Rød kogt and 200
Andesteg med risvin 201
Braiseret and med risvin 202
Saltet and 203
Saltet and med grønne bønner 204
Langsomt kogt and 206
Stegt and 207
And med søde kartofler 208
sød og sur and 210
mandarin and 213
And med grøntsager 213
Andesteg med grøntsager 215

Kogt hvid and.. *217*
And med vin *218*

Rejer med litchisauce

til 4 personer

50 g / 2 oz / ¬Ω enkelt kop (universal)

Mel

2,5 ml / ¬Ω teskefuld salt

1 æg, let pisket

30 ml / 2 spsk vand

450 g / 1 kg pillede rejer

olie til stegning

30 ml / 2 spsk jordnøddeolie

2 skiver ingefærrod, hakket

30 ml / 2 spsk vineddike

5 ml/1 tsk sukker

2,5 ml / ¬Ω teskefuld salt

15 ml/1 spsk sojasovs

200 g/7 oz dåse litchi, drænet

Bland mel, salt, æg og vand til det er skummende, tilsæt eventuelt lidt vand. Kast rejerne, indtil de er godt dækket. Varm olien op og steg rejerne i et par minutter, til de er sprøde og gyldenbrune. Afdryp på køkkenpapir og læg på en varm tallerken. Varm imens olien op og steg ingefæren i 1 minut.

Tilsæt vineddike, sukker, salt og sojasovs. Tilsæt litchi og rør, indtil det er varmt og dækket med sauce. Hæld rejerne over og server med det samme.

Stegt mandarin rejer

til 4 personer

60 ml / 4 spiseskefulde jordnøddeolie

1 fed presset hvidløg

1 skive ingefærrod, hakket

450 g / 1 kg pillede rejer

30 ml / 2 spsk risvin eller tør sherry 30 ml / 2 spsk sojasovs

15 ml / 1 spsk majsmel (majsstivelse)

45 ml / 3 spsk vand

Varm olien op og steg hvidløg og ingefær let gyldne. Tilsæt rejerne og steg i 1 minut. Tilsæt vin eller sherry og bland godt. Tilsæt sojasovs, majsstivelse og vand og kog i 2 minutter.

Rejer med mangetout

til 4 personer

5 tørrede kinesiske svampe

225 g/8 oz bønnespirer

60 ml / 4 spiseskefulde jordnøddeolie

5 ml/1 tsk salt

2 stilke selleri, hakket

4 te, hakket

2 fed hvidløg, hakket

2 skiver ingefærrod, hakket

60 ml / 4 spiseskefulde vand

15 ml/1 spsk sojasovs

15 ml / 1 spsk risvin eller tør sherry

225 g / 8 oz sneærter

225 g/8 oz rensede rejer

15 ml / 1 spsk majsmel (majsstivelse)

Blødgør svampene i varmt vand i 30 minutter, og filtrer derefter. Kassér stilkene og skær toppen af. Blancher bønnespirerne i kogende vand i 5 minutter, og dræn derefter godt af. Varm halvdelen af olien op og steg salt, selleri, forårsløg og bønnespirer i 1 minut, og tag derefter af panden. Varm den resterende olie op og steg hvidløg og ingefær let gyldne. Tilsæt halvdelen af vandet, sojasovsen, vin eller sherry, ærter og rejer, bring det i kog og lad det simre i 3 minutter. Bland majsmel og det resterende vand til en pasta, rør i gryden og lad det simre under omrøring, indtil saucen tykner. Kom grøntsagerne tilbage i gryden og kog til de er gennemvarme. Server med det samme.

Rejer med kinesiske svampe

til 4 personer

8 tørrede kinesiske svampe

45 ml / 3 spiseskefulde jordnøddeolie (peanut).

3 skiver ingefærrod, hakket

450 g / 1 kg pillede rejer

15 ml/1 spsk sojasovs

5 ml/1 tsk salt

60 ml / 4 spsk fiskejuice

Blødgør svampene i varmt vand i 30 minutter, og filtrer derefter. Kassér stilkene og skær toppen af. Varm halvdelen af olien op og steg ingefæren let gylden. Tilsæt rejer, sojasovs og salt og kog indtil olien dækker dem, og tag dem derefter ud af gryden. Varm den resterende olie op og steg svampene, indtil olien dækker dem. Tilsæt bouillon, bring det i kog, læg låg på og lad det simre i 3 minutter. Kom rejerne tilbage i gryden og rør, indtil de er gennemvarme.

Rejer og dampede ærter

til 4 personer

450 g / 1 kg pillede rejer

5 ml/1 tsk sesamolie

5 ml/1 tsk salt

30 ml / 2 spsk jordnøddeolie

1 fed presset hvidløg

1 skive ingefærrod, hakket

225 g hvide eller frosne ærter, optøet

4 te, hakket

30 ml / 2 spsk vand

salt peber

Vend rejerne med sesamolie og salt. Varm olien op og steg hvidløg og ingefær i 1 minut. Tilsæt rejerne og steg i 2 minutter. Tilsæt ærterne og kog i 1 minut. Tilsæt løg og vand og smag til med salt, peber og lidt sesamolie. Før servering varmes den op ved at røre forsigtigt.

Rejer med mangochutney

til 4 personer

12 rejer

salt peber

Saft af 1 citron

30 ml / 2 spsk majsmel (majsstivelse)

1 håndtag

5 ml / 1 tsk sennepspulver

5 ml/1 tsk honning

30 ml / 2 spsk kokoscreme

30 ml / 2 spsk mildt karrypulver

120 ml / 4 fl oz / ¬Ω kop kyllingefond

45 ml / 3 spiseskefulde jordnøddeolie (peanut).

2 fed hvidløg, finthakket

2 te, hakket

1 løg fennikel, hakket

100 g/4 oz mango chutney

Rens rejerne, og lad halerne være intakte. Drys med salt, peber og citronsaft, og dæk derefter med halvdelen af fløden. Skræl mangoen, skær skindet fra stenen, og skær den derefter i tern. Rør sennep, honning, kokoscreme, karrypulver, resterende majsstivelse og bouillon i. Varm halvdelen af olien op og steg hvidløg, forårsløg og fennikel heri i 2 minutter. Tilsæt bouillonblandingen, bring det i kog og lad det simre i 1 minut. Tilsæt mangoterninger og chutney og varm forsigtigt igennem, og overfør derefter til en varm tallerken. Varm den resterende olie op og steg rejerne i 2 minutter. Anret dem ovenpå grøntsagerne og server med det samme.

Peking rejer

til 4 personer

30 ml / 2 spsk jordnøddeolie

2 fed hvidløg, hakket

1 skive ingefærrod, finthakket

225 g/8 oz rensede rejer

4 teskiver i tykke skiver

120 ml / 4 fl oz / ¬Ω kop kyllingefond

5 ml/1 tsk brun farin

5 ml/1 tsk sojasovs

5 ml/1 tsk hoisinsauce

5 ml/1 tsk Tabasco sauce

Varm olien op med hvidløg og ingefær og steg til hvidløget er let gyldenbrunt. Tilsæt rejerne og steg i 1 minut. Tilsæt løget og steg i 1 minut. Tilsæt resten af ingredienserne, bring det i kog, læg låg på og kog i 4 minutter under omrøring af og til. Tjek krydderier og tilsæt lidt mere Tabasco sauce, hvis du har lyst.

Rejer med peberfrugt

til 4 personer

30 ml / 2 spsk jordnøddeolie
1 grøn peberfrugt skåret i stykker
450 g / 1 kg pillede rejer
10 ml / 2 tsk majsmel (majsstivelse)
60 ml / 4 spiseskefulde vand
5 ml / 1 tsk risvin eller tør sherry
2,5 ml / ¬Ω teskefuld salt
45 ml / 2 spsk tomatpasta (pasta)

Varm olien op og steg peberfrugten i 2 minutter. Tilsæt rejer og tomatpure og bland godt. Bland majsmelsvand, vin eller sherry og salt, indtil det bliver en pasta, bland det i gryden og kog under omrøring ved svag varme, indtil saucen bliver klar og tykner.

Stegte rejer med svinekød

til 4 personer

225 g/8 oz rensede rejer

100 g/4 oz magert svinekød, revet

60 ml / 4 spsk risvin eller tør sherry

1 æggehvide

45 ml / 3 spsk majsmel (majsstivelse)

5 ml/1 tsk salt

15 ml / 1 spsk vand (valgfrit)

90 ml / 6 spiseskefulde jordnøddeolie

45 ml / 3 spsk fiskefond

5 ml/1 tsk sesamolie

Læg rejer og svinekød på separate tallerkener. Bland 45 ml/3 spsk vin eller sherry, æggehvide, 30 ml/2 spsk majsmel og salt til en løs dej, tilsæt eventuelt vand. Fordel blandingen mellem svinekød og rejer og vend godt rundt, så det bliver jævnt. Varm olien op og steg svinekød og rejer gyldenbrune om et par minutter. Tag af panden og hæld olien fra, bortset fra 15 ml/1 spsk. Hæld fonden i gryden med den resterende vin eller sherry og majsmel. Bring i kog og kog under omrøring, indtil saucen tykner. Hæld rejer og svinekød over og server overhældt med sesamolie.

Stegte rejer med sherry sauce

til 4 personer

50 g / 2 oz / ¬Ω kop almindeligt mel (all-purpose)

2,5 ml / ¬Ω teskefuld salt

1 æg, let pisket

30 ml / 2 spsk vand

450 g / 1 kg pillede rejer

olie til stegning

15 ml / 1 spsk jordnøddeolie

1 finthakket løg

45 ml / 3 spsk risvin eller tør sherry

15 ml/1 spsk sojasovs

120 ml / 4 fl oz / ¬Ω kop fiskejuice

10 ml / 2 tsk majsmel (majsstivelse)

30 ml / 2 spsk vand

Bland mel, salt, æg og vand til det er skummende, tilsæt eventuelt lidt vand. Kast rejerne, indtil de er godt dækket. Varm olien op og steg rejerne i et par minutter, til de er sprøde og gyldenbrune. Afdryp på køkkenpapir og læg på en varm tallerken. Varm imens olien op og svits løget til det er blødt.

Tilsæt vin eller sherry, sojasovs og bouillon, bring det i kog og lad det simre i 4 minutter. Bland majsmel og vand, indtil det bliver en pasta, bland det i gryden og lad det simre under omrøring, indtil saucen bliver klar og tykner. Hæld saucen over rejerne og server.

Stegte rejer med sesamfrø

til 4 personer

450 g / 1 kg pillede rejer

¬Ω æggehvide

5 ml/1 tsk sojasovs

5 ml/1 tsk sesamolie

50 g / 2 oz / ¬Ω kop majsmel (majsstivelse)

salt og friskkværnet hvid peber

olie til stegning

60 ml / 4 spsk sesamfrø

Salatblade

Bland rejerne med æggehvide, sojasauce, sesamolie, majsstivelse, salt og peber. Tilsæt lidt vand, hvis blandingen er for tyk. Varm olien op og steg rejerne i et par minutter, til de er let gyldenbrune. Rist imens sesamfrøene på en tør pande, indtil de er gyldenbrune. Dræn rejerne og bland med sesamfrø. Serveres på en bund af grøn salat.

Stegte rejer i skal

til 4 personer

60 ml / 4 spiseskefulde jordnøddeolie

750 g / 1¬Ω lb afskallede rejer

3 te, hakket

3 skiver ingefærrod, hakket

2,5 ml / ¬Ω teskefuld salt

15 ml / 1 spsk risvin eller tør sherry

120 ml / 4 fl oz / ¬Ω kop tomatsauce (ketchup)

15 ml/1 spsk sojasovs

15 ml/1 skefuld sukker

15 ml / 1 spsk majsmel (majsstivelse)

60 ml / 4 spiseskefulde vand

Varm olien op og steg rejerne i 1 minut, hvis de er kogte, eller indtil de er lyserøde, hvis de er rå. Tilsæt løg, ingefær, salt og vin eller sherry og steg i 1 minut. Tilsæt tomatsauce, sojasauce og sukker og lad det simre i 1 minut. Kombiner majsmel og vand, rør i gryden og rør, indtil saucen er klar og tyknet.

Stegte rejer

til 4 personer

75 g / 3 oz / ¬° kop majsmel (majsstivelse)

1 æggehvide

5 ml / 1 tsk risvin eller tør sherry

salt

350 g/12 oz afskallede rejer

olie til stegning

Bland majsmel, æggehvider, vin eller sherry og en knivspids salt til en tyk dej. Dyp rejerne i dejen, indtil de er godt dækket. Varm olien moderat op, og steg rejerne til de er gyldenbrune på et par minutter. Fjern olien, varm op til de er varme og steg rejerne igen, indtil de er sprøde og gyldenbrune.

Tempura rejer

til 4 personer

450 g / 1 kg pillede rejer

30 ml / 2 spsk almindeligt mel (all-purpose)

30 ml / 2 spsk majsmel (majsstivelse)

30 ml / 2 spsk vand

2 sammenpisket æg

olie til stegning

Skær rejerne i halve på den inderste kurve og spred ud til en sommerfugl. Bland mel, majsstivelse og vand, indtil du får en dej, og tilsæt derefter æggene. Varm olien op og steg rejerne til de er gyldenbrune.

Dæk

til 4 personer

30 ml / 2 spsk jordnøddeolie

2 te, hakket

1 fed presset hvidløg

1 skive ingefærrod, hakket

100 g/4 oz kyllingebryst, skåret i strimler

100 g/4 oz skinke, skåret i skiver

100 g/4 oz bambusskud, skåret i strimler

100 g vandkastanjer i skiver

225 g/8 oz rensede rejer

30 ml / 2 spsk sojasovs

30 ml / 2 spsk risvin eller tør sherry

5 ml/1 tsk salt

5 ml/1 tsk sukker

5 ml / 1 tsk majsmel (majsstivelse)

Varm olien op og steg løg, hvidløg og ingefær let gyldent. Tilsæt kyllingen og steg i 1 minut. Tilsæt skinke, bambusskud og vandkastanjer og steg i 3 minutter. Tilsæt rejerne og steg i 1 minut. Tilsæt sojasovsen, vin eller sherry, salt og sukker og lad det simre i 2 minutter. Bland majsmelen med lidt vand, bland i gryden og kog i 2 minutter ved svag varme under omrøring.

Rejer med tofu

til 4 personer

45 ml / 3 spiseskefulde jordnøddeolie (peanut).

225 g/8 oz tofu, skåret i tern

1 forårsløg (løg), finthakket

1 fed presset hvidløg

15 ml/1 spsk sojasovs

5 ml/1 tsk sukker

90 ml / 6 spsk fiskejuice

225 g/8 oz rensede rejer

15 ml / 1 spsk majsmel (majsstivelse)

45 ml / 3 spsk vand

Varm halvdelen af olien op og steg tofuen, indtil den er let gylden, og tag den derefter af panden. Varm den resterende olie op og svits forårsløg og hvidløg til de er let gyldne. Tilsæt sojasovs, sukker og bouillon og bring det i kog. Tilsæt rejerne og steg ved svag varme i 3 minutter. Bland majsmel og vand, indtil det bliver en pasta, bland det i gryden og lad det simre under omrøring, indtil saucen tykner. Kom tofuen tilbage i gryden og kog indtil den er gennemvarme.

Rejer med tomater

til 4 personer

2 æggehvider

30 ml / 2 spsk majsmel (majsstivelse)

5 ml/1 tsk salt

450 g / 1 kg pillede rejer

olie til stegning

30 ml / 2 spsk risvin eller tør sherry

225 g/8 oz tomater, skrællet, frøet og skåret i tern

Bland æggehvider, majsstivelse og salt. Tilsæt rejerne, indtil de er godt dækket. Varm olien op og steg rejerne til de er kogte. Hæld alt undtagen 15 ml/1 spsk olie i og varm op igen. Tilsæt vin eller sherry og tomater og bring det i kog. Tilsæt rejerne og varm hurtigt op inden servering.

Rejer med tomatsauce

til 4 personer

30 ml / 2 spsk jordnøddeolie

1 fed presset hvidløg

2 skiver ingefærrod, hakket

2,5 ml / ¬Ω teskefuld salt

15 ml / 1 spsk risvin eller tør sherry

15 ml/1 spsk sojasovs

6 ml / 4 spsk tomatsauce (ketchup)

120 ml / 4 fl oz / ¬Ω kop fiskejuice

350 g/12 oz afskallede rejer

10 ml / 2 tsk majsmel (majsstivelse)

30 ml / 2 spsk vand

Varm olien op og svits hvidløg, ingefær og salt i 2 minutter. Tilsæt vin eller sherry, sojasauce, tomatsauce og bouillon og bring det i kog. Tilsæt rejerne, læg låg på og kog i 2 minutter. Bland majsmel og vand, indtil det bliver en pasta, bland det i gryden og lad det simre under omrøring, indtil saucen bliver klar og tykner.

Rejer med tomat og chilisauce

til 4 personer

60 ml / 4 spiseskefulde jordnøddeolie

15 ml / 1 spsk finthakket ingefær

15 ml/1 spsk hakket hvidløg

15 ml / 1 spsk hakket purløg

60 ml / 4 spsk tomatpasta (pasta)

15 ml/1 spsk chilisauce

450 g / 1 kg pillede rejer

15 ml / 1 spsk majsmel (majsstivelse)

15 ml / 1 spsk vand

Varm olien op og svits ingefær, hvidløg og forårsløg i 1 minut. Tilsæt tomatpure og chilisauce og bland godt. Tilsæt rejerne og steg i 2 minutter. Bland majsmel og vand til en pasta, rør i gryden og lad det simre, indtil saucen tykner. Server med det samme.

Stegte rejer med tomatsauce

til 4 personer

50 g / 2 oz / ¬Ω kop almindeligt mel (all-purpose)

2,5 ml / ¬Ω teskefuld salt

1 æg, let pisket

30 ml / 2 spsk vand

450 g / 1 kg pillede rejer

olie til stegning

30 ml / 2 spsk jordnøddeolie

1 finthakket løg

2 skiver ingefærrod, hakket

75 ml / 5 spsk tomatsauce (ketchup)

10 ml / 2 tsk majsmel (majsstivelse)

30 ml / 2 spsk vand

Bland mel, salt, æg og vand til det er skummende, tilsæt eventuelt lidt vand. Kast rejerne, indtil de er godt dækket. Varm olien op og steg rejerne i et par minutter, til de er sprøde og gyldenbrune. Afdryp på køkkenrulle.

Varm imens olien op og svits løg og ingefær til det er blødt. Tilsæt tomatsaucen og kog i 3 minutter. Bland majsmel og vand, indtil det bliver en pasta, bland det i gryden og lad det simre under omrøring, indtil saucen tykner. Tilsæt rejerne i gryden og kog indtil de er gennemvarme. Server med det samme.

Rejer med grøntsager

til 4 personer

15 ml / 1 spsk jordnøddeolie

225 g/8 oz broccolibuketter

225 g/8 oz svampe

225 g/8 oz bambusskud, skåret i skiver

450 g / 1 kg pillede rejer

120 ml / 4 fl oz / ¬Ω kop kyllingefond

5 ml / 1 tsk majsmel (majsstivelse)

5 ml/1 tsk østerssauce

2,5 ml / ¬Ω teskefuld sukker

2,5 ml / ¬Ω tsk revet ingefærrod

friskkværnet vinpulver

Varm olien op og steg broccolien i 1 minut. Tilsæt champignon og bambusskud og svits i 2 minutter. Tilsæt rejerne og steg i 2 minutter. Bland resten af ingredienserne og rør i rejeblandingen. Bring i kog under omrøring og kog derefter i 1 minut under konstant omrøring.

Rejer med vandkastanjer

til 4 personer

60 ml / 4 spiseskefulde jordnøddeolie

1 fed hvidløg, hakket

1 skive ingefærrod, hakket

450 g / 1 kg pillede rejer

30 ml / 2 spsk risvin eller tør sherry 225 g / 8 oz

vandkastanjer, skåret i skiver

30 ml / 2 spsk sojasovs

15 ml / 1 spsk majsmel (majsstivelse)

45 ml / 3 spsk vand

Varm olien op og steg hvidløg og ingefær let gyldne. Tilsæt rejerne og steg i 1 minut. Tilsæt vin eller sherry og bland godt. Tilsæt vandkastanjer og lad det simre i 5 minutter. Tilsæt de øvrige ingredienser og steg i 2 minutter.

Rejer Wontons

til 4 personer

450 g/1 lb pillede rejer i tern

225 g/8 oz blandede grøntsager, hakket

15 ml/1 spsk sojasovs

2,5 ml / ¬Ω teskefuld salt

et par dråber sesamolie

40 wonton skind

olie til stegning

Bland rejer, grøntsager, sojasovs, salt og sesamolie.

For at folde wontons skal du holde skindet i din venstre håndflade og placere fyldet i midten. Pensl kanterne med æg, fold skallen til en trekantet form, forsegl kanterne. Fugt hjørnerne med æg og vrid.

Varm olien op og steg wontons lidt efter lidt, indtil de bliver brune. Dræn godt af inden servering.

Abalone med kylling

til 4 personer

400 g/14 oz dåse abalone

30 ml / 2 spsk jordnøddeolie

100 g/4 oz kyllingebryst, skåret i tern

100 g/4 oz bambusskud, skåret i skiver

250 ml / 8 fl oz / 1 kop fiskefond

15 ml / 1 spsk risvin eller tør sherry

5 ml/1 tsk sukker

2,5 ml / ¬Ω teskefuld salt

15 ml / 1 spsk majsmel (majsstivelse)

45 ml / 3 spsk vand

Dræn og skær abalonen i skiver, stil saften til side. Varm olien op og steg kyllingen til den er lysebrun. Tilsæt abalone og bambusskud og steg i 1 minut. Tilsæt abalonefond, bouillon, vin eller sherry, sukker og salt, bring det i kog og lad det simre i 2 minutter. Bland majsmel og vand til en pasta og lad det simre under omrøring, indtil saucen bliver klar og tykner. Server med det samme.

Abalone med asparges

til 4 personer

10 tørrede kinesiske svampe

30 ml / 2 spsk jordnøddeolie

15 ml / 1 spsk vand

225 g/8 oz asparges

2,5 ml / ¬Ω teskefuld fiskesauce

15 ml / 1 spsk majsmel (majsstivelse)

225 g/8 oz dåse abalone, skåret i skiver

60 ml / 4 spiseskefulde bouillon

¬Ω lille gulerod, skåret i skiver

5 ml/1 tsk sojasovs

5 ml/1 tsk østerssauce

5 ml / 1 tsk risvin eller tør sherry

Blødgør svampene i varmt vand i 30 minutter, og filtrer derefter. Kassér stilkene. Varm 15 ml/1 spsk olie op med vand og steg svampene i 10 minutter. Kog imens aspargesene i kogende vand til de er bløde med fiskesaucen og 5 ml/1 tsk majs. Dræn godt af og læg på en opvarmet tallerken med svampene. Hold dem varme. Varm den resterende olie op og steg abalonen i et par sekunder, tilsæt derefter bouillon, gulerødder, sojasovs, østerssauce, vin eller sherry og den resterende majsstivelse. Kog i cirka 5 minutter, indtil det koger, hæld derefter aspargesene over og server.

Abalone med svampe

til 4 personer

6 tørrede kinesiske svampe

400 g/14 oz dåse abalone

45 ml / 3 spiseskefulde jordnøddeolie (peanut).

2,5 ml / ¬Ω teskefuld salt

15 ml / 1 spsk risvin eller tør sherry

3 tsk skåret i tykke skiver

Blødgør svampene i varmt vand i 30 minutter, og filtrer derefter. Kassér stilkene og skær toppen af. Dræn og skær abalonen i skiver, stil saften til side. Varm olien op og steg salt og svampe i 2 minutter. Tilsæt abalonefond og sherry, bring det i kog, læg låg på og lad det simre i 3 minutter. Tilsæt abalonen og teen og kog indtil den er gennemvarme. Server med det samme.

Abalone med østerssauce

til 4 personer

400 g/14 oz dåse abalone

15 ml / 1 spsk majsmel (majsstivelse)

15 ml/1 spsk sojasovs

45 ml / 3 spsk østerssauce

30 ml / 2 spsk jordnøddeolie

50 g/2 oz røget skinke, hakket

Tøm abalonedåsen og reserver 90 ml/6 spsk væske. Bland med majsmel, sojasovs og østerssauce. Varm olien op og steg den afdryppede abalone i 1 minut. Tilsæt sauceblandingen og kog under omrøring, indtil den er opvarmet, cirka 1 minut. Læg på en varm tallerken og server pyntet med skinke.

dampede muslinger

til 4 personer

24 skaller

Vask muslingerne grundigt, og læg dem derefter i blød i saltvand i et par timer. Skyl under rindende vand og læg i et ovnfast fad. Placer på en rist i dampkogeren, dæk til og kog over kogende vand i cirka 10 minutter, indtil alle muslinger har åbnet sig. Kassér alt, der forbliver lukket. Server med saucer.

Kammuslinger med bønnespirer

til 4 personer

24 skaller

15 ml / 1 spsk jordnøddeolie
150 g/5 oz bønnespirer
1 grøn peberfrugt skåret i strimler
2 te, hakket
15 ml / 1 spsk risvin eller tør sherry
salt og friskkværnet peber
2,5 ml / ¬Ω teskefuld sesamolie
50 g/2 oz røget skinke, hakket

Vask muslingerne grundigt, og læg dem derefter i blød i saltvand i et par timer. Skyl under rindende vand. Kog vand op i en gryde, tilsæt muslingerne og kog et par minutter til de åbner sig. Tøm og kassér eventuelle resterende forseglede dele. Fjern muslingerne fra skallerne.

Varm olien op og steg bønnespirerne i 1 minut. Tilsæt peber og purløg og svits i 2 minutter. Tilsæt vin eller sherry og smag til med salt og peber. Varm op, tilsæt derefter muslingerne og rør, indtil de er godt blandet og gennemvarmet. Læg på en varm tallerken og server drysset med sesamolie og bacon.

Kammuslinger med ingefær og hvidløg

til 4 personer

24 skaller

15 ml / 1 spsk jordnøddeolie

2 skiver ingefærrod, hakket

2 fed hvidløg, hakket

15 ml / 1 spsk vand

5 ml/1 tsk sesamolie

salt og friskkværnet peber

Vask muslingerne grundigt, og læg dem derefter i blød i saltvand i et par timer. Skyl under rindende vand. Varm olien op og steg ingefær og hvidløg i 30 sekunder. Tilsæt muslinger, vand og sesamolie, læg låg på og kog i ca. 5 minutter, indtil muslingerne åbner sig. Kassér alt, der forbliver lukket. Krydr let med salt og peber og server med det samme.

Shell Kone

til 4 personer

24 skaller

60 ml / 4 spiseskefulde jordnøddeolie

4 fed hvidløg, finthakket

1 finthakket løg

2,5 ml / ¬Ω teskefuld salt

Vask muslingerne grundigt, og læg dem derefter i blød i saltvand i et par timer. Skyl under rindende vand og tør. Varm olien op og svits hvidløg, løg og salt til det er blødt. Tilsæt muslinger, læg låg på og kog i cirka 5 minutter, indtil alle skaller åbner sig. Kassér alt, der forbliver lukket. Steg forsigtigt i yderligere 1 minut, drysset med olie.

Krabbekager

til 4 personer

225 g/8 oz bønnespirer

60 ml / 4 spsk hasselnøddeolie (peanut) 100 g / 4 oz

bambusskud, skåret i strimler

1 finthakket løg

225 g/8 oz krabbekød, i flager

4 æg, let pisket

15 ml / 1 spsk majsmel (majsstivelse)

30 ml / 2 spsk sojasovs

salt og friskkværnet peber

Blancher bønnespirerne i kogende vand i 4 minutter, og sigt derefter. Varm halvdelen af olien op og steg bønnespirer, bambusskud og løg til de er bløde. Tag det af varmen og bland resten af ingredienserne i, undtagen olien. Varm den resterende olie op i en ren pande og bag en lille kage med krabbekødskeen. Steg begge sider, indtil de er let brune, og server derefter straks.

Kræftcreme

til 4 personer

225 g/8 oz krabbekød

5 sammenpisket æg

1 purløg (løg), finthakket

250 ml / 8 fl oz / 1 kop vand

5 ml/1 tsk salt

5 ml/1 tsk sesamolie

Bland alle ingredienserne godt sammen. Læg i en skål, dæk til og læg oven på kedlen over varmt vand eller på en damprist. Lad det simre i ca. 35 minutter, indtil det er cremet, rør af og til. Server med ris.

Krabbekød med kinesiske blade

til 4 personer

450 g kinesiske blade, revet

45 ml / 3 spiseskefulde vegetabilsk olie

2 te, hakket

225 g/8 oz krabbekød

15 ml/1 spsk sojasovs

15 ml / 1 spsk risvin eller tør sherry

5 ml/1 tsk salt

Kog kinesiske blade i kogende vand i 2 minutter, dræn derefter godt og skyl med koldt vand. Varm olien op og steg purløget let gyldent. Tilsæt krabbekødet og steg i 2 minutter. Tilsæt de kinesiske blade og steg i 4 minutter. Tilsæt sojasovsen, vin eller sherry og salt og bland godt. Tilsæt bouillon og majsmel, bring det i kog og kog under omrøring i 2 minutter, indtil saucen bliver klar og tykner.

Foo Yung krabbe med bønnespirer

til 4 personer

6 sammenpisket æg

45 ml / 3 spsk majsmel (majsstivelse)

225 g/8 oz krabbekød

100 g/4 oz bønnespirer

2 te, hakket

2,5 ml / ¬Ω teskefuld salt

45 ml / 3 spiseskefulde jordnøddeolie (peanut).

Pisk ægget, og tilsæt derefter majsmel. Bland resten af ingredienserne undtagen olien. Varm olien op og hæld blandingen i gryden lidt ad gangen for at lave små pandekager ca 7,5 cm brede. Steg bunden indtil da, og vend den så og steg den anden side også.

Krabbe med ingefær

til 4 personer

15 ml / 1 spsk jordnøddeolie

2 skiver ingefærrod, hakket

4 te, hakket

3 fed hvidløg, hakket

1 hakket rød chilipeber

350 g/12 oz krabbekød, i flager

2,5 ml / ¬Ω teskefuld fiskepasta

2,5 ml / ¬Ω teskefuld sesamolie

15 ml / 1 spsk risvin eller tør sherry

5 ml / 1 tsk majsmel (majsstivelse)

15 ml / 1 spsk vand

Varm olien op og svits ingefær, forårsløg, hvidløg og chili i 2 minutter. Tilsæt krabbekødet og rør, indtil krydderierne er godt dækket. Tilsæt fiskepastaen. Blend resten af ingredienserne, til det er glat, og rør det derefter i gryden og steg i 1 minut. Server med det samme.

Krabbe Lo Mein

til 4 personer

100 g/4 oz bønnespirer

30 ml / 2 spsk jordnøddeolie

5 ml/1 tsk salt

1 finthakket løg

100 g champignon i skiver

225 g/8 oz krabbekød, i flager

100 g/4 oz bambusskud, skåret i skiver

Stegt pasta

30 ml / 2 spsk sojasovs

5 ml/1 tsk sukker

5 ml/1 tsk sesamolie

salt og friskkværnet peber

Blancher bønnespirerne i kogende vand i 5 minutter, og sigt derefter. Varm olien op, steg salt og løg til det er blødt. Tilsæt svampene og lad dem simre til de er bløde. Tilsæt krabbekødet og steg i 2 minutter. Tilsæt bønnespirer og bambusskud og steg i 1 minut. Tilsæt den afdryppede dej til gryden og bland forsigtigt. Bland sojasovs, sukker og sesamolie, smag til med salt og peber. Rør i gryden, indtil den er gennemvarmet.

Stegt krabbe med svinekød

til 4 personer

30 ml / 2 spsk jordnøddeolie

100 g hakket svinekød (kværnet)

350 g/12 oz krabbekød, i flager

2 skiver ingefærrod, hakket

2 æg, let pisket

15 ml/1 spsk sojasovs

15 ml / 1 spsk risvin eller tør sherry

30 ml / 2 spsk vand

salt og friskkværnet peber

4 teer skåret i strimler

Varm olien op og steg svinekødet, indtil det er lysebrunt. Tilsæt krabbekød og ingefær og steg i 1 minut. Tilsæt æggene. Tilsæt sojasovsen, vin eller sherry, vand, salt og peber og kog under omrøring i cirka 4 minutter. Server pyntet med purløg.

Stegt krabbekød

til 4 personer

30 ml / 2 spsk jordnøddeolie

450 g/1 lb krabbekød, i flager

2 te, hakket

2 skiver ingefærrod, hakket

30 ml / 2 spsk sojasovs

30 ml / 2 spsk risvin eller tør sherry

2,5 ml / ¬Ω teskefuld salt

15 ml / 1 spsk majsmel (majsstivelse)

60 ml / 4 spiseskefulde vand

Varm olien op og steg krabbekød, løg og ingefær i 1 minut. Tilsæt sojasovsen, vin eller sherry og salt, læg låg på og lad det simre i 3 minutter. Bland majsmel og vand, indtil det bliver en pasta, bland det i gryden og lad det simre under omrøring, indtil saucen bliver klar og tykner.

Stegte blækspruttekugler

til 4 personer

450 g / 1 kg blæksprutte

50 g/2 oz svinefedt, smuldret

1 æggehvide

2,5 ml / ¬Ω teskefuld sukker

2,5 ml / ¬Ω teskefuld majsstivelse (majsstivelse)

salt og friskkværnet peber

olie til stegning

Skær blæksprutten op og hak eller puré. Bland med fedtstof, æggehvide, sukker og majsstivelse, og smag til med salt og peber. Tryk blandingen til kugler. Varm olien op og steg blækspruttekuglerne, evt. i omgange, indtil de flyder til toppen af olien og er gyldenbrune. Dræn godt af og server straks.

Kantonesisk hummer

til 4 personer

2 hummere

30 ml / 2 spsk olie

15 ml/1 spsk sort bønnesauce

1 fed presset hvidløg

1 finthakket løg

225 g hakket svinekød (kværnet)

45 ml / 3 spsk sojasovs

5 ml/1 tsk sukker

salt og friskkværnet peber

15 ml / 1 spsk majsmel (majsstivelse)

75 ml / 5 spiseskefulde vand

1 sammenpisket æg

Bræk hummeren op, fjern kødet og skær i 2,5 cm tern. Varm olien op og svits den sorte bønnesauce, hvidløg og løg til de er let gyldne. Tilsæt svinekødet og steg til det er brunt. Tilsæt sojasovs, sukker, salt, peber og hummer, læg låg på og lad det simre i cirka 10 minutter. Bland majsmel og vand, indtil det bliver en pasta, bland det i gryden og lad det simre under omrøring, indtil saucen bliver klar og tykner. Inden servering slukkes for varmen og ægget tilsættes.

Stegt hummer

til 4 personer

450 g/1 lb hummerkød
30 ml / 2 spsk sojasovs
5 ml/1 tsk sukker
1 sammenpisket æg
30 ml / 3 spsk almindeligt mel (all-purpose)
olie til stegning

Skær hummerkødet i 2,5 cm/1 tern og bland med soyasovsen og sukkeret. Lad hvile i 15 minutter, filtrer derefter. Bland æg og mel i, tilsæt derefter jomfruhummer og vend godt rundt. Varm olien op og steg hummeren gyldenbrun. Afdryp på køkkenpapir inden servering.

Dampet hummer med skinke

til 4 personer

4 æg, let pisket

60 ml / 4 spiseskefulde vand

5 ml/1 tsk salt

15 ml/1 spsk sojasovs

450g/1lb hummerkød, flager

15 ml / 1 spsk hakket røget skinke

15 ml/1 spsk hakket frisk persille

Pisk æggene med vand, salt og sojasovs. Hæld i et ovnfast fad og drys med hummerkød. Stil fadet på en rist i en dampovn, læg låg på og lad det simre i 20 minutter, indtil æggene er færdige. Server pyntet med skinke og persille.

Hummer med svampe

til 4 personer

450 g/1 lb hummerkød

15 ml / 1 spsk majsmel (majsstivelse)

60 ml / 4 spiseskefulde vand

30 ml / 2 spsk jordnøddeolie

4 teskiver i tykke skiver

100 g champignon i skiver

2,5 ml / ¬Ω teskefuld salt

1 fed presset hvidløg

30 ml / 2 spsk sojasovs

15 ml / 1 spsk risvin eller tør sherry

Skær hummerkødet i 2,5 cm tern. Bland majsmel og vand til en pasta og smid hummerterningerne i blandingen, så de bliver overtrukket. Varm halvdelen af olien op og steg hummerterningerne let gyldenbrune, tag dem af panden. Varm den resterende olie op og steg forårsløget, til det er let gyldenbrunt. Tilsæt svampene og steg i 3 minutter. Tilsæt salt, hvidløg, sojasovs og vin eller sherry og lad det simre i 2 minutter. Kom hummeren tilbage i gryden og kog indtil den er gennemvarme.

Hummerhale med svinekød

til 4 personer

3 tørrede kinesiske svampe

4 hummerhaler

60 ml / 4 spiseskefulde jordnøddeolie

100 g hakket svinekød (kværnet)

50 g/2 oz vandkastanjer, hakket

salt og friskkværnet peber

2 fed hvidløg, hakket

45 ml / 3 spsk sojasovs

30 ml / 2 spsk risvin eller tør sherry

30 ml / 2 spsk sort bønnesauce

10 ml / 2 spsk majsmel (majsstivelse)

120 ml / 4 fl oz / ¬Ω kop vand

Blødgør svampene i varmt vand i 30 minutter, og filtrer derefter. Kassér stilkene og skær toppen af. Skær hummerhalen i halve på langs. Fjern kødet fra hummerhalen, behold skallen. Varm halvdelen af olien op og steg svinekødet, indtil det er blødt. Tag af varmen og bland svampe, hummerkød, vandkastanjer, salt og peber. Tryk kødet tilbage i hummerskallen og læg det på en varmefast tallerken. Læg dem på en rist i en dampkoger, læg låg på og lad det simre i cirka 20 minutter, indtil de er møre. Opvarm imens den resterende olie og svits hvidløg, sojasauce, vin eller sherry og sorte bønnesauce i 2 minutter. Bland majsmel og vand, indtil du får en pasta, og kog derefter under omrøring ved svag varme, indtil saucen tykner. Læg hummeren på en varm tallerken, hæld saucen over og server straks.

Stegt hummer

til 4 personer

450g/1lb hummerhale

30 ml / 2 spsk jordnøddeolie

1 fed presset hvidløg

2,5 ml / ¬Ω teskefuld salt

350 g/12 oz bønnespirer

50 g/2 oz svampe

4 teskiver i tykke skiver

150 ml / ¬° pt / ¬Ω kop fyldig kyllingesuppe

15 ml / 1 spsk majsmel (majsstivelse)

Bring en gryde med vand i kog, tilsæt hummerhalerne og kog i 1 minut. Dræn, afkøl, skræl og skær i tykke skiver. Varm olien op med hvidløg og salt og steg til hvidløget er let gyldenbrunt. Tilsæt hummer og steg i 1 minut. Tilsæt bønnespirer og svampe og sauter i 1 minut. Tilsæt purløg. Tilsæt det meste af fonden, bring det i kog, læg låg på og lad det simre i 3 minutter. Bland majsmelet med den resterende bouillon, bland det i gryden og lad det simre under omrøring, indtil saucen bliver klar og tykner.

hummerreder

til 4 personer

30 ml / 2 spsk jordnøddeolie

5 ml/1 tsk salt

1 rødløg, skåret i tynde skiver

100 g champignon i skiver

100 g/4 oz bambusskud, skåret 225 g/8 oz kogt hummerkød

15 ml / 1 spsk risvin eller tør sherry

120 ml / 4 fl oz / ¬Ω kop kyllingefond

friskkværnet vinpulver

10 ml / 2 tsk majsmel (majsstivelse)

15 ml / 1 spsk vand

4 kurve pasta

Varm olien op, steg salt og løg til det er blødt. Tilsæt champignon og bambusskud og svits i 2 minutter. Tilsæt hummerkød, vin eller sherry og bouillon, bring det i kog, læg låg på og lad det simre i 2 minutter. Smag til med peber. Bland majsmel og vand, indtil det bliver en pasta, bland det i gryden og lad det simre under omrøring, indtil saucen tykner. Læg pastarederne på et lunt fad og top med den stegte hummer.

Muslinger i sort bønnesauce

til 4 personer

45 ml / 3 spiseskefulde jordnøddeolie (peanut).

2 fed hvidløg, hakket

2 skiver ingefærrod, hakket

30 ml / 2 spsk sort bønnesauce

15 ml/1 spsk sojasovs

1,5 kg/3 lb muslinger, vasket og renset

2 te, hakket

Varm olien op og svits hvidløg og ingefær i 30 sekunder. Tilsæt den sorte bønnesauce og sojasovsen og steg i 10 sekunder. Tilsæt muslinger, læg låg på og kog i ca. 6 minutter, indtil muslingerne åbner sig. Kassér alt, der forbliver lukket. Læg på en varm tallerken og server drysset med purløg.

Muslinger med ingefær

til 4 personer

45 ml / 3 spiseskefulde jordnøddeolie (peanut).

2 fed hvidløg, hakket

4 skiver ingefærrod, hakket

1,5 kg/3 lb muslinger, vasket og renset

45 ml / 3 spsk vand

15 ml/1 spsk østerssauce

Varm olien op og svits hvidløg og ingefær i 30 sekunder. Tilsæt muslinger og vand, læg låg på og kog i ca. 6 minutter, indtil muslingerne åbner sig. Kassér alt, der forbliver lukket. Læg på en varm tallerken og server overhældt med østerssauce.

dampede muslinger

til 4 personer

1,5 kg/3 lb muslinger, vasket og renset

45 ml / 3 spsk sojasovs

3 te, hakket

Læg muslingerne på en rist i en dampkoger, læg låg på og kog dem over kogende vand i cirka 10 minutter, indtil alle muslingerne har åbnet sig. Kassér alt, der forbliver lukket. Læg på en varm tallerken og server drysset med sojasovs og løg.

Stegte østers

til 4 personer

24 shucked østers

salt og friskkværnet peber

1 sammenpisket æg

50 g / 2 oz / ¬Ω kop almindeligt mel (all-purpose)

250 ml / 8 fl oz / 1 kop vand

olie til stegning

4 te, hakket

Drys østersen med salt og peber. Bland ægget med mel og vand, indtil det er skummende, og brug det derefter til at overtrække østersene. Varm olien op og steg østersene til de er gyldenbrune. Afdryp på køkkenpapir og server pyntet med purløg.

Østers med bacon

til 4 personer

175 g/6 oz bacon

24 shucked østers

1 æg, let pisket

15 ml / 1 spsk vand

45 ml / 3 spiseskefulde jordnøddeolie (peanut).

2 finthakkede løg

15 ml / 1 spsk majsmel (majsstivelse)

15 ml/1 spsk sojasovs

90 ml / 6 spsk hønsefond

Skær baconen i stykker og vikl et stykke om hver østers. Pisk ægget med vandet, og dyp derefter i østersen for at dække det. Varm halvdelen af olien op og steg østersene let brune på begge sider, tag derefter af panden og dræn fedtet. Varm den resterende olie op og steg løget, indtil det er blødt. Bland majsmel, sojasovs og bouillon til en pasta, hæld i gryden og lad det simre under omrøring, indtil saucen bliver klar og tykner. Hæld østersene over og server med det samme.

Stegte østers med ingefær

til 4 personer

24 shucked østers

2 skiver ingefærrod, hakket

30 ml / 2 spsk sojasovs

15 ml / 1 spsk risvin eller tør sherry

4 teer skåret i strimler

100 g bacon

1 æg

50 g / 2 oz / ¬Ω kop almindeligt mel (all-purpose)

salt og friskkværnet peber

olie til stegning

1 citron skåret i skiver

Læg østersene i en skål med ingefær, sojasovs og vin eller sherry og vend godt rundt. Lad hvile i 30 minutter. Læg et par strimler grøn te oven på hver østers. Skær baconen i stykker og vikl et stykke om hver østers. Bland æg og mel til det er skummende, og smag til med salt og peber. Dyp østersene i dejen, indtil de er godt dækket. Varm olien op og steg østersene til de er gyldenbrune. Serveres pyntet med citronskiver.

Østers med sorte bønnesauce

til 4 personer

350 g / 12 oz fjernede østers

120 ml / 4 fl oz / ¬Ω kop jordnøddeolie (peanut).

2 fed hvidløg, hakket

3 te, skåret i skiver

15 ml/1 spsk sort bønnesauce

30 ml / 2 spsk mørk sojasovs

15 ml/1 spsk sesamolie

pulveriseret chilipulver

Blancher østersene i kogende vand i 30 sekunder, og dræn derefter. Varm olien op og svits hvidløg og purløg i 30 sekunder. Tilsæt sorte bønnesauce, sojasauce, sesamolie og østers og smag til med chilipulver. Lad det simre til det er gennemvarmet og server straks.

Skaller med bambusskud

til 4 personer

60 ml / 4 spiseskefulde jordnøddeolie

6 te, hakket

225 g champignon i kvarte

15 ml/1 skefuld sukker

450g/1lb muslinger i skallen

2 skiver ingefærrod, hakket

225 g/8 oz bambusskud, skåret i skiver

salt og friskkværnet peber

Til 300 ml / ¬Ω / 1 ¬° kop vand

30 ml / 2 spsk vineddike

30 ml / 2 spsk majsmel (majsstivelse)

150 ml / ¬° pt / ¬Ω generøst vandglas

45 ml / 3 spsk sojasovs

Varm olien op og steg forårsløg og champignon i 2 minutter. Tilsæt sukker, muslinger, ingefær, bambusskud, salt og peber, læg låg på og kog i 5 minutter. Tilsæt vand og vineddike, bring det i kog, læg låg på og kog i 5 minutter. Bland majsmel og vand, indtil det bliver en pasta, bland det i gryden og lad det simre under omrøring, indtil saucen tykner. Smag til med sojasovs og server.

Kammuslinger med æg

til 4 personer

45 ml / 3 spiseskefulde jordnøddeolie (peanut).

350 g/12 oz skalmuslinger

25 g/1 oz røget skinke, hakket

30 ml / 2 spsk risvin eller tør sherry

5 ml/1 tsk sukker

2,5 ml / ¬Ω teskefuld salt

friskkværnet vinpulver

2 æg, let pisket

15 ml/1 spsk sojasovs

Varm olien op og steg muslingerne i 30 sekunder. Tilsæt skinken og steg i 1 minut. Tilsæt vin eller sherry, sukker, salt og peber og lad det simre i 1 minut. Tilsæt æggene og rør forsigtigt ved høj varme, indtil ingredienserne er godt belagt med ægget. Server drysset med sojasovs.

Kammuslinger med broccoli

til 4 personer

350 g/12 oz muslinger, skåret i skiver

3 skiver ingefærrod, hakket

¬Ω lille gulerod, skåret i skiver

1 fed presset hvidløg

45 ml / 3 spsk almindeligt mel (all-purpose)

2,5 ml/¬Ω teskefuld natriumbicarbonat (natriumbicarbonat)

30 ml / 2 spsk jordnøddeolie

15 ml / 1 spsk vand

1 skåret banan

olie til stegning

275 g/10 oz broccoli

salt

5 ml/1 tsk sesamolie

2,5 ml/¬Ω teskefuld chilisauce

2,5 ml / ¬Ω teskefuld vineddike

2,5 ml / ¬Ω teskefuld tomatpasta (pasta)

Bland muslingerne med ingefær, gulerod og hvidløg og lad hvile. Bland mel, bagepulver, 15 ml/1 spsk olie og vand til en pasta og overtræk bananskiverne med dette. Varm olien op og steg plantainen gylden, dræn den derefter og læg den rundt om et varmt fad. Kog imens broccolien i saltet vand, indtil den er blød, og dræn den derefter. Varm den resterende olie op med sesamolien og steg broccolien kort, og læg den derefter rundt om bananpladen. Kom chilisauce, vineddike og tomatpure på panden og svits kammuslingerne, indtil de er gennemstegte. Læg på et fad og server med det samme.

Kammuslinger med ingefær

til 4 personer

45 ml / 3 spiseskefulde jordnøddeolie (peanut).

2,5 ml / ¬Ω teskefuld salt

3 skiver ingefærrod, hakket

2 tsk skåret i tykke skiver

450g/1lb muslinger i skallen, halveret

15 ml / 1 spsk majsmel (majsstivelse)

60 ml / 4 spiseskefulde vand

Varm olien op og steg salt og ingefær i 30 sekunder. Tilsæt løget og steg, indtil det er let brunet. Tilsæt muslinger og steg i 3 minutter. Bland majsmel og vand, indtil det bliver en pasta, kom det i gryden og lad det simre under omrøring, indtil det tykner. Server med det samme.

Kammuslinger med skinke

til 4 personer

450g/1lb muslinger i skallen, halveret

250 ml / 8 fl oz / 1 kop risvin eller tør sherry

1 finthakket løg

2 skiver ingefærrod, hakket

2,5 ml / ¬Ω teskefuld salt

100 g røget skinke, hakket

Læg muslingerne i en skål og tilsæt vin eller sherry. Dæk til og mariner i 30 minutter, vend af og til, dræn derefter muslingerne og kassér marinaden. Læg muslingerne i et ovnfast fad sammen med resten af ingredienserne. Sæt gryden på en damprist, dæk til og kog over kogende vand i ca. 6 minutter, indtil muslingerne er møre.

Kammusling virvare med krydderurter

til 4 personer

225 g/8 oz skalmuslinger

30 ml / 2 spsk frisk, hakket koriander

4 sammenpisket æg

15 ml / 1 spsk risvin eller tør sherry

salt og friskkværnet peber

15 ml / 1 spsk jordnøddeolie

Læg kammuslingerne i en dampkoger og kog indtil de er gennemstegte, cirka 3 minutter, afhængigt af størrelsen. Tag den ud af dampkogeren og drys med koriander. Pisk æggene sammen med vinen eller sherryen og smag til med salt og peber. Tilsæt muslinger og koriander. Varm olien op og steg æg-skaldyrsblandingen under konstant omrøring, indtil æggene er færdige. Server straks.

Svits kammusling og løg

til 4 personer

45 ml / 3 spiseskefulde jordnøddeolie (peanut).
1 finthakket løg
450g/1lb muslinger i skallen, i kvarte
salt og friskkværnet peber
15 ml / 1 spsk risvin eller tør sherry

Varm olien op og svits løget til det er blødt. Tilsæt kammuslinger og steg, indtil de er let brunede. Smag til med salt og peber, drys med vin eller sherry og server med det samme.

Kammuslinger med grøntsager

til 4'6

4 tørrede kinesiske svampe

2 løg

30 ml / 2 spsk jordnøddeolie

3 stilke selleri, skåret diagonalt

225 g/8 oz grønne bønner, skåret diagonalt

10 ml / 2 tsk revet ingefærrod

1 fed presset hvidløg

20 ml / 4 teskefulde majsmel (majsstivelse)

250 ml / 8 fl oz / 1 kop hønsefond

30 ml / 2 spsk risvin eller tør sherry

30 ml / 2 spsk sojasovs

450g/1lb muslinger i skallen, i kvarte

6 te, skåret i skiver

425 g / 15 oz majskolber på dåse

Blødgør svampene i varmt vand i 30 minutter, og filtrer derefter. Kassér stilkene og skær toppen af. Skær løget i skiver og adskil lagene. Varm olien op og svits løg, selleri, bønner, ingefær og hvidløg i 3 minutter. Bland majsmelet med lidt bouillon, bland derefter med den resterende bouillon, vin eller sherry og sojasovs. Tilsæt til wokken og bring i kog under omrøring. Tilsæt svampe, muslinger, muslinger og majs og svits i cirka 5 minutter, indtil muslingerne er møre.

Kammuslinger med paprika

til 4 personer

30 ml / 2 spsk jordnøddeolie

3 te, hakket

1 fed presset hvidløg

2 skiver ingefærrod, hakket

2 røde peberfrugter i tern

450g/1lb muslinger i skallen

30 ml / 2 spsk risvin eller tør sherry

15 ml/1 spsk sojasovs

15 ml/1 spsk gul bønnesauce

5 ml/1 tsk sukker

5 ml/1 tsk sesamolie

Varm olien op og steg løg, hvidløg og ingefær i 30 sekunder. Tilsæt paprika og steg i 1 minut. Tilsæt kammuslingerne og sauter i 30 sekunder, tilsæt derefter resten af ingredienserne og kog i cirka 3 minutter, indtil kammuslingerne er møre.

Blæksprutte med bønnespirer

til 4 personer

450 g/1 kg blæksprutte

30 ml / 2 spsk jordnøddeolie

15 ml / 1 spsk risvin eller tør sherry

100 g/4 oz bønnespirer

15 ml/1 spsk sojasovs

salt

1 rød chilipeber, revet

2 skiver ingefærrod, revet

2 te, revet

Fjern hoved, indvolde og hinde fra blæksprutten og skær i store stykker. Klip et krydsmønster i hvert stykke. Kog en gryde med vand, tilsæt blæksprutten og lad det simre, indtil stykkerne er møre, fjern og dræn. Varm halvdelen af olien op og steg hurtigt blæksprutten. Dryp med vin eller sherry. Opvarm imens den resterende olie og damp bønnespirerne til de er bløde. Smag til med sojasovs og salt. Læg chili, ingefær og grøn te rundt om en tallerken. Læg bønnespirerne i midten og læg blæksprutten ovenpå. Server med det samme.

Stegt blæksprutte

til 4 personer

50 g almindeligt mel (all-purpose)

25 g / 1 oz / ¬° kop majsstivelse (majsstivelse)

2,5 ml / ¬Ω teskefuld bagepulver

2,5 ml / ¬Ω teskefuld salt

1 æg

75 ml / 5 spiseskefulde vand

15 ml / 1 spsk jordnøddeolie

450 g/1 lb blæksprutte, skåret i ringe

olie til stegning

Bland mel, majsstivelse, bagepulver, salt, æg, vand og olie til en dej. Dyp blæksprutten i dejen, indtil den er godt dækket. Varm olien op og steg blæksprutten et par ad gangen, indtil de er gyldenbrune. Afdryp på køkkenpapir inden servering.

Blækspruttepakker

til 4 personer

8 tørrede kinesiske svampe

450 g/1 kg blæksprutte

100 g røget skinke

100 g/4 oz tofu

1 sammenpisket æg

15 ml / 1 spsk almindeligt mel (all-purpose)

2,5 ml / ¬Ω teskefuld sukker

2,5 ml / ¬Ω teskefuld sesamolie

salt og friskkværnet peber

8 wonton skind

olie til stegning

Blødgør svampene i varmt vand i 30 minutter, og filtrer derefter. Kassér stilkene. Trim blæksprutten og skær den i 8 stykker. Skær skinken og tofuen i 8 dele. Kom dem alle i en skål. Bland æggene med mel, sukker, sesamolie, salt og peber. Hæld ingredienserne i skålen og bland forsigtigt. Placer en svampehætte og et stykke blæksprutte, skinke og tofu direkte under midten af hver wonton-skal. Fold i det nederste hjørne, fold siderne ind, rul derefter op, fugt kanterne med vand for at forsegle. Varm olien op og steg kuglerne i cirka 8 minutter, indtil de er gyldenbrune. Dræn godt af inden servering.

Stegt blæksprutterulle

til 4 personer

45 ml / 3 spiseskefulde jordnøddeolie (peanut).
225 g/8 oz blæksprutte ringe
1 stor grøn peberfrugt, skåret i stykker
100 g/4 oz bambusskud, skåret i skiver
2 te, hakket
1 skive ingefærrod, finthakket
45 ml / 2 spsk sojasovs
30 ml / 2 spsk risvin eller tør sherry
15 ml / 1 spsk majsmel (majsstivelse)
15 ml / 1 spsk fiskefond eller vand
5 ml/1 tsk sukker
5 ml/1 tsk vineddike
5 ml/1 tsk sesamolie
salt og friskkværnet peber

Opvarm 15 ml/1 spsk olie og steg hurtigt blæksprutten, indtil den er godt forseglet. Varm imens den resterende olie op i en separat gryde og steg paprika, bambusskud, løg og ingefær heri i 2 minutter. Tilsæt blæksprutten og steg i 1 minut. Tilsæt sojasovsen, vin eller sherry, majsmel, bouillon, sukker, vineddike og sesamolie, og smag til med salt og peber. Lad det simre, indtil saucen bliver klar og tykner.

Blækspruttemænd

til 4 personer

45 ml / 3 spiseskefulde jordnøddeolie (peanut).

3 tsk skåret i tykke skiver

2 skiver ingefærrod, hakket

450g/1lb blæksprutte, skåret i stykker

15 ml/1 spsk sojasovs

15 ml / 1 spsk risvin eller tør sherry

5 ml / 1 tsk majsmel (majsstivelse)

15 ml / 1 spsk vand

Varm olien op og steg løg og ingefær blødt. Tilsæt blæksprutten og steg i olie, indtil den er dækket. Tilsæt sojasovsen og vin eller sherry, læg låg på og lad det simre i 2 minutter. Bland majsmel og vand, indtil det bliver en pasta, kom det i gryden og lad det simre under omrøring, indtil saucen tykner, og blæksprutten er mør.

Blæksprutte med tørrede svampe

til 4 personer

50 g/2 oz tørrede kinesiske svampe

450g/1lb blækspruttteringe

45 ml / 3 spiseskefulde jordnøddeolie (peanut).

45 ml / 3 spsk sojasovs

2 te, hakket

1 skive ingefærrod, hakket

225 g/8 oz bambusskud, skåret i strimler

30 ml / 2 spsk majsmel (majsstivelse)

150 ml / ¬° pt / ¬Ω kop generøs fiskefond

Blødgør svampene i varmt vand i 30 minutter, og filtrer derefter. Kassér stilkene og skær toppen af. Kog blæksprutten i et par sekunder i kogende vand. Varm olien op, tilsæt derefter svampe, sojasovs, løg og ingefær og steg i 2 minutter. Tilsæt blæksprutte og bambusskud og steg i 2 minutter. Bland majsmel og bouillon, og rør det derefter i gryden. Kog ved svag varme under omrøring, indtil saucen bliver klar og tykner.

Blæksprutte med grøntsager

til 4 personer

45 ml / 3 spiseskefulde jordnøddeolie (peanut).

1 finthakket løg

5 ml/1 tsk salt

450g/1lb blæksprutte, skåret i stykker

100 g/4 oz bambusskud, skåret i skiver

2 stilke selleri, skåret diagonalt

60 ml / 4 spsk hønsefond

5 ml/1 tsk sukker

100 g/4 oz sneærter

5 ml / 1 tsk majsmel (majsstivelse)

15 ml / 1 spsk vand

Varm olien op og steg løg og salt til det er let brunet. Tilsæt blæksprutten og steg til den er blandet med olien. Tilsæt bambusskud og selleri og sauter i 3 minutter. Tilsæt bouillon og sukker, bring det i kog, læg låg på og lad det simre i 3 minutter, indtil grøntsagerne er bløde. Tilføj håndtaget. Bland majsmel og vand, indtil det bliver en pasta, bland det i gryden og lad det simre under omrøring, indtil saucen tykner.

Braiseret oksekød med anis

til 4 personer

30 ml / 2 spsk jordnøddeolie

450 g filetbøf

1 fed presset hvidløg

45 ml / 3 spsk sojasovs

15 ml / 1 spsk vand

15 ml / 1 spsk risvin eller tør sherry

5 ml/1 tsk salt

5 ml/1 tsk sukker

2 nelliker stjerneanis

Varm olien op og steg kødet brunt på alle sider. Tilsæt resten af ingredienserne, bring det i kog, læg låg på og lad det simre i cirka 45 minutter, vend derefter kødet og tilsæt lidt vand og sojasovs, hvis kødet er tørt. Lad det simre i yderligere 45 minutter, indtil kødet er mørt. Kassér stjerneanisen inden servering.

Oksekød med asparges

til 4 personer

450 g/1 lb mørbradbøf, skåret i tern

30 ml / 2 spsk sojasovs

30 ml / 2 spsk risvin eller tør sherry

45 ml / 3 spsk majsmel (majsstivelse)

45 ml / 3 spiseskefulde jordnøddeolie (peanut).

5 ml/1 tsk salt

1 fed presset hvidløg

350 g/12 oz aspargesspidser

120 ml / 4 fl oz / ¬Ω kop kyllingefond

15 ml/1 spsk sojasovs

Læg bøffen i en skål. Bland sojasovsen, vin eller sherry og 30ml/2 spsk majs, hæld over fileterne og bland godt. Lad det macerere i 30 minutter. Varm olien op med salt og hvidløg og steg indtil hvidløget er let gyldenbrunt. Tilsæt kødet og marinaden og lad det simre i 4 minutter. Tilsæt aspargesene og lad dem simre indtil de er bløde i 2 minutter. Tilsæt bouillon og sojasovs, bring det i kog og kog under omrøring i 3 minutter, indtil kødet er mørt. Bland det resterende majsmel med lidt vand eller bouillon og bland det i saucen. Kog under omrøring i et par minutter, indtil saucen bliver klar og tykner.

Oksekød med bambusskud

til 4 personer

45 ml / 3 spiseskefulde jordnøddeolie (peanut).

1 fed presset hvidløg

1 forårsløg (løg), finthakket

1 skive ingefærrod, hakket

225 g/8 oz magert oksekød, skåret i strimler

100g/4oz bambusskud

45 ml / 3 spsk sojasovs

15 ml / 1 spsk risvin eller tør sherry

5 ml / 1 tsk majsmel (majsstivelse)

Varm olien op og steg hvidløg, forårsløg og ingefær let gyldenbrune. Tilsæt kødet og steg i 4 minutter, indtil det er let brunet. Tilsæt bambusskuddene og steg i 3 minutter. Tilsæt sojasovsen, vin eller sherry og majsstivelse og kog i 4 minutter.

Oksekød med bambusskud og svampe

til 4 personer

225 g/8 oz magert oksekød

45 ml / 3 spiseskefulde jordnøddeolie (peanut).

1 skive ingefærrod, hakket

100 g/4 oz bambusskud, skåret i skiver

100 g champignon i skiver

45 ml / 3 spsk risvin eller tør sherry

5 ml/1 tsk sukker

10 ml / 2 tsk sojasovs

salt peber

120 ml / 4 fl oz / ¬Ω kop oksebouillon

15 ml / 1 spsk majsmel (majsstivelse)

30 ml / 2 spsk vand

Skær kødet i tynde skiver mod kornet. Varm olien op og steg ingefæren i et par sekunder. Tilsæt kødet og steg til det er brunt. Tilsæt bambusskud og svampe og steg i 1 minut. Tilsæt vin eller sherry, sukker og sojasovs, og smag til med salt og peber. Tilsæt bouillon, bring det i kog, læg låg på og lad det simre i 3 minutter. Bland majsmel og vand, rør i gryden og kog ved svag varme under omrøring, indtil saucen tykner.

Kogt kinesisk oksekød

til 4 personer

45 ml / 3 spiseskefulde jordnøddeolie (peanut).

900g/2lb rib eye steak

1 forårsløg (løg), skåret i skiver

1 fed hvidløg, hakket

1 skive ingefærrod, hakket

60 ml / 4 spsk sojasovs

30 ml / 2 spsk risvin eller tør sherry

5 ml/1 tsk sukker

5 ml/1 tsk salt

paprikapulver

750 ml / 1 korn / 3 kopper kogende vand

Varm olien op og steg hurtigt kødet på alle sider. Tilsæt purløg, hvidløg, ingefær, sojasovs, vin eller sherry, sukker, salt og peber. Bring i kog under omrøring. Tilsæt kogevandet, rør igen, bring det i kog, læg låg på og lad det simre i ca. 2 timer, indtil kødet er mørt.

Oksekød med bønnespirer

til 4 personer

450 g/1 lb magert oksekød, skåret i skiver

1 æggehvide

30 ml / 2 spsk jordnøddeolie

15 ml / 1 spsk majsmel (majsstivelse)

15 ml/1 spsk sojasovs

100 g/4 oz bønnespirer

25 g/1 oz surkål, hakket

1 rød chilipeber, revet

2 te, revet

2 skiver ingefærrod, revet

salt

5 ml/1 tsk østerssauce

5 ml/1 tsk sesamolie

Bland kødet med æggehviden, halvdelen af olien, majsstivelse og sojasovs, og lad det derefter hvile i 30 minutter. Blancher bønnespirerne i kogende vand i cirka 8 minutter, indtil de er næsten bløde, og dræn derefter. Varm den resterende olie op og steg kødet, indtil det er let brunt, og tag det derefter af panden. Tilsæt surkål, chili, ingefær, salt, østerssauce og sesamolie og steg i 2 minutter. Tilsæt bønnespirerne og lad det simre i 2 minutter. Tilsæt oksekødet til gryden og kog indtil det er godt blandet og gennemvarmet. Server med det samme.

Oksekød med broccoli

til 4 personer

450 g/1 lb mørbradbøf, skåret i tynde skiver

30 ml / 2 spsk majsmel (majsstivelse)

15 ml / 1 spsk risvin eller tør sherry

15 ml/1 spsk sojasovs

30 ml / 2 spsk jordnøddeolie

5 ml/1 tsk salt

1 fed presset hvidløg

225 g/8 oz broccolibuketter

150 ml / ¬° pt / ¬Ω kop fyldig oksebouillon

Læg bøffen i en skål. Bland 15 ml/1 spsk majsmel med vin eller sherry og sojasovs, tilsæt kødet og lad det marinere i 30 minutter. Varm olien op med salt og hvidløg og steg indtil hvidløget er let gyldenbrunt. Tilsæt bøf og marinade og lad det simre i 4 minutter. Tilsæt broccolien og steg i 3 minutter. Tilsæt bouillon, bring det i kog, læg låg på og kog i 5 minutter, indtil broccolien er mør, men stadig sprød. Bland det resterende majsmel med lidt vand og bland det i saucen. Kog ved svag varme under omrøring, indtil saucen bliver klar og tykner.

Sesamkød med broccoli

til 4 personer

150 g/5 oz magert oksekød, skåret i tynde skiver

2,5 ml / ¬Ω tsk østerssauce

5 ml / 1 tsk majsmel (majsstivelse)

5 ml/1 tsk hvidvinseddike

60 ml / 4 spiseskefulde jordnøddeolie

100 g broccolibuketter

5 ml/1 tsk fiskesauce

2,5 ml / ¬Ω teskefuld sojasovs

250 ml / 8 fl oz / 1 kop oksebouillon
30 ml / 2 spsk sesamfrø

Mariner kødet med østerssaucen, 2,5 ml / ½ tsk majsmel, 2,5 ml / ½ tsk vineddike og 15 ml / 1 spsk olie i 1 time.

Opvarm imens 15 ml / 1 spsk olie, tilsæt broccoli, 2,5 ml / ½ tsk fiskesauce, sojasauce og den resterende vineddike, og hæld kogende vand over. Kog i cirka 10 minutter, indtil de er bløde.

Opvarm 30 ml/2 spsk olie i en separat gryde og steg kødet kort, indtil det er brunet. Tilsæt fonden, det resterende majsmel og fiskesauce, bring det i kog, læg låg på og lad det simre i cirka 10 minutter, indtil kødet er mørt. Dræn broccolien og læg den på en varm tallerken. Smør toppen med kød og drys rigeligt med sesamfrø.

Steget kød

til 4 personer

450 g/1 lb mager bøf, skåret i skiver
60 ml / 4 spsk sojasovs
2 fed hvidløg, hakket
5 ml/1 tsk salt
2,5 ml / ¬Ω tsk friskkværnet peber
10 ml / 2 teskefulde sukker

Bland alle ingredienserne og lad det marinere i 3 timer. Grill eller varm grill i cirka 5 minutter på hver side.

Kantonesisk oksekød

til 4 personer

30 ml / 2 spsk majsmel (majsstivelse)

Pisk 2 æggehvider til skum

450 g/1 lb bøf, skåret i strimler

olie til stegning

4 stilke selleri, skåret i skiver

2 finthakkede løg

60 ml / 4 spiseskefulde vand

20 ml / 4 teskefulde salt

75 ml / 5 spiseskefulde sojasovs

60 ml / 4 spsk risvin eller tør sherry

30 ml / 2 spsk sukker

friskkværnet peber

Bland halvdelen af majsstivelsen med æggehviden. Tilsæt bøffen og vend rundt for at beklæde kødet med blandingen. Varm olien op og steg bøffen til den er brun. Tag af panden og afdryp på køkkenpapir. Varm 15 ml/1 spsk olie op og steg selleri og løg i 3 minutter. Tilsæt kød, vand, salt, sojasovs, vin eller sherry og sukker, og smag til med peber. Bring i kog og kog under omrøring, indtil saucen tykner.

Oksekød med gulerødder

til 4 personer

30 ml / 2 spsk jordnøddeolie

450 g/1 lb magert oksekød i tern

2 teer, skåret i skiver

2 fed hvidløg, hakket

1 skive ingefærrod, hakket

250 ml / 8 fl oz / 1 kop sojasovs

30 ml / 2 spsk risvin eller tør sherry

30 ml / 2 spsk brun farin

5 ml/1 tsk salt

600 ml / 1 pt / 2 Ω vandglas

4 gulerødder, skåret diagonalt

Varm olien op og steg kødet til det er let brunet. Dræn den overskydende olie, tilsæt forårsløg, hvidløg, ingefær og anis, steg i 2 minutter. Tilsæt sojasovs, vin eller sherry, sukker og salt og bland godt. Tilsæt vand, bring det i kog, læg låg på og lad det simre i 1 time. Tilsæt gulerødderne, læg låg på og lad det simre i yderligere 30 minutter. Tag låget af og lad det simre, indtil saucen er reduceret.

Oksekød med cashewnødder

til 4 personer

60 ml / 4 spiseskefulde jordnøddeolie

450 g/1 lb mørbradbøf, skåret i tynde skiver

8 te, skåret i stykker

2 fed hvidløg, hakket

1 skive ingefærrod, hakket

75 g / 3 oz / ¬æ kop ristede cashewnødder

120 ml / 4 fl oz / ¬Ω kop vand

20 ml / 4 teskefulde majsmel (majsstivelse)

20 ml / 4 teskefulde sojasovs

5 ml/1 tsk sesamolie

5 ml/1 tsk østerssauce

5 ml/1 tsk chilisauce

Varm halvdelen af olien op og steg kødet let brunt. Fjern fra panden. Varm den resterende olie op og svits løg, hvidløg, ingefær og cashewnødder i 1 minut. Kom kødet tilbage i gryden. Tilsæt resten af ingredienserne og rør blandingen i gryden. Bring i kog og kog under omrøring, indtil blandingen tykner.

Slow Cooker oksegryde

til 4 personer

30 ml / 2 spsk jordnøddeolie

450 g oksekødgryderet, skåret i tern

3 skiver ingefærrod, hakket

3 gulerødder skåret i skiver

1 majroe, i tern

15 ml / 1 spsk sorte dadler med frø

15 ml / 1 spiseskefuld lotusfrø

30 ml / 2 spsk tomatpure (pasta)

10 ml / 2 spsk salt

900 ml / 1¬Ω point / 3¬æ kop oksebouillon

250 ml / 8 fl oz / 1 kop risvin eller tør sherry

Varm olien op i en stegepande eller stor ildfast pande og steg kødet til det er brunet på alle sider.

Oksekød med blomkål

til 4 personer

225 g/8 oz blomkålsbuketter

olie til stegning

225 g/8 oz oksekød, skåret i skiver

50 g/2 oz bambusskud, skåret i strimler

10 vandkastanjer skåret i strimler

120 ml / 4 fl oz / ½ kop kyllingefond

15 ml/1 spsk sojasovs

15 ml/1 spsk østerssauce

15 ml / 1 spsk tomatpure (pasta)

15 ml / 1 spsk majsmel (majsstivelse)

2,5 ml / ½ teskefuld sesamolie

Kog blomkålen i kogende vand i 2 minutter, og dræn derefter. Varm olien op og steg blomkålen let gyldenbrun. Fjern og afdryp på køkkenpapir. Varm olien op, og steg kødet, indtil det er let brunet, fjern derefter og afdryp. Tilsæt olie, bortset fra 15 ml/1 spsk, og damp bambusskuddene og vandkastanjerne i 2 minutter. Tilsæt de øvrige ingredienser, bring det i kog og kog under omrøring, indtil saucen tykner. Kom oksekød og blomkål tilbage i gryden og varm forsigtigt op. Server med det samme.

Oksekød med selleri

til 4 personer

100 g selleri, skåret i strimler

45 ml / 3 spiseskefulde jordnøddeolie (peanut).

2 te, hakket

1 skive ingefærrod, hakket

225 g/8 oz magert oksekød, skåret i strimler

30 ml / 2 spsk sojasovs

30 ml / 2 spsk risvin eller tør sherry

2,5 ml / ¬Ω teskefuld sukker

2,5 ml / ¬Ω teskefuld salt

Blancher sellerien i kogende vand i 1 minut, og dræn derefter godt af. Varm olien op og steg løg og ingefær let gyldent. Tilsæt kødet og steg i 4 minutter. Tilsæt selleri og svits i 2 minutter. Tilsæt sojasovsen, vin eller sherry, sukker og salt og lad det simre i 3 minutter.

Skive oksekød med stegt selleri

til 4 personer

30 ml / 2 spsk jordnøddeolie

450 g/1 lb magert oksekød, skåret i skiver

3 stilke selleri, revet

1 løg, revet

1 forårsløg (løg), skåret i skiver

1 skive ingefærrod, hakket

30 ml / 2 spsk sojasovs

15 ml / 1 spsk risvin eller tør sherry

2,5 ml / ¬Ω teskefuld sukker

2,5 ml / ¬Ω teskefuld salt

10 ml / 2 tsk majsmel (majsstivelse)

30 ml / 2 spsk vand

Varm halvdelen af olien meget varm og steg kødet i 1 minut. Fjern fra panden. Varm den resterende olie op og svits selleri, løg, forårsløg og ingefær, indtil de er bløde. Kom kødet tilbage i gryden med sojasovs, vin eller sherry, sukker og salt, bring det i kog og kog igennem. Kombiner majsmel og vand, rør i gryden og kog indtil saucen tykner. Server med det samme.

Hakket oksekød med kylling og selleri

til 4 personer

4 tørrede kinesiske svampe

45 ml / 3 spiseskefulde jordnøddeolie (peanut).

2 fed hvidløg, hakket

1 ingefærrod i skiver, hakket

5 ml/1 tsk salt

100 g/4 oz magert oksekød, skåret i strimler

100 g kylling skåret i strimler

2 gulerødder, skåret i strimler

2 stilke selleri, skåret i strimler

4 teer skåret i strimler

5 ml/1 tsk sukker

5 ml/1 tsk sojasovs

5 ml / 1 tsk risvin eller tør sherry

45 ml / 3 spsk vand

5 ml / 1 tsk majsmel (majsstivelse)

Blødgør svampene i varmt vand i 30 minutter, og filtrer derefter. Kassér stilkene og skær toppen af. Varm olien op og steg hvidløg, ingefær og salt let gyldent. Tilsæt kød og kylling og steg til det begynder at brune. Tilsæt selleri, grøn te, sukker, sojasovs, vin eller sherry og vand og bring det i kog. Læg låg på og lad det simre i cirka 15 minutter, indtil kødet er mørt. Bland majsmelet med lidt vand, bland det med saucen og kog under omrøring ved svag varme, indtil saucen tykner.

Oksekød med Chile

til 4 personer

450 g/1 lb mørbradbøf, skåret i strimler

45 ml / 3 spsk sojasovs

15 ml / 1 spsk risvin eller tør sherry

15 ml/1 spsk brun farin

15 ml / 1 spsk finthakket ingefærrod

30 ml / 2 spsk jordnøddeolie

50 g/2 oz bambusskud, skåret i stave

1 løg skåret i strimler

1 stang selleri, skåret i tændstikker

2 røde chilier, kernet og skåret i strimler

120 ml / 4 fl oz / ¬Ω kop kyllingefond

15 ml / 1 spsk majsmel (majsstivelse)

Læg bøffen i en skål. Bland sojasovsen, vin eller sherry, sukker og ingefær og rør i bøffen. Lad det stå i 1 time. Fjern bøffen fra marinaden. Varm halvdelen af olien op, og steg bambusskud, løg, selleri og peber i 3 minutter, og tag derefter af panden. Varm den resterende olie op og steg bøffen i 3 minutter. Tilsæt marinaden, bring det i kog og tilsæt de stegte grøntsager. Kog ved lav varme under omrøring i 2 minutter. Rør bouillon og majsmel i og tilsæt til gryden. Bring i kog og kog under omrøring, indtil saucen bliver klar og tykner.

Oksekød kinakål

til 4 personer

225 g/8 oz magert oksekød

30 ml / 2 spsk jordnøddeolie

350 g/12 oz bok choy, revet

120 ml / 4 fl oz / ½ kop oksebouillon

salt og friskkværnet peber

10 ml / 2 tsk majsmel (majsstivelse)

30 ml / 2 spsk vand

Skær kødet i tynde skiver mod kornet. Varm olien op og steg kødet brunt. Tilsæt bok choyen og sauter indtil den er mør. Tilsæt suppen, bring det i kog, smag til med salt og peber. Dæk til og kog i 4 minutter, indtil kødet er mørt. Bland majsmel og vand, rør i gryden og kog ved svag varme under omrøring, indtil saucen tykner.

Oksebøf Suey

til 4 personer

3 stilke selleri, skåret i skiver

100 g/4 oz bønnespirer

100 g broccolibuketter

60 ml / 4 spiseskefulde jordnøddeolie

3 te, hakket

2 fed hvidløg, hakket

1 skive ingefærrod, hakket

225 g/8 oz magert oksekød, skåret i strimler

45 ml / 3 spsk sojasovs

15 ml / 1 spsk risvin eller tør sherry

5 ml/1 tsk salt

2,5 ml / ¬Ω teskefuld sukker

friskkværnet peber

15 ml / 1 spsk majsmel (majsstivelse)

Blancher selleri, bønnespirer og broccoli i kogende vand i 2 minutter, dræn derefter og tør. Varm 45 ml/3 spsk olie op og steg løg, hvidløg og ingefær let gyldne. Tilsæt kødet og steg i 4 minutter. Fjern fra panden. Varm den resterende olie op og steg grøntsagerne i 3 minutter. Tilsæt kød, sojasovs, vin eller sherry, salt, sukker og en knivspids peber og lad det simre i 2 minutter. Bland majsmelet med lidt vand, rør det i gryden og lad det simre under omrøring, indtil saucen bliver klar og tykner.

Oksekød med agurk

til 4 personer

450 g/1 lb mørbradbøf, skåret i tynde skiver

45 ml / 3 spsk sojasovs

30 ml / 2 spsk majsmel (majsstivelse)

60 ml / 4 spiseskefulde jordnøddeolie

2 agurker, skrællet, udkernet og skåret i skiver

60 ml / 4 spsk hønsefond

30 ml / 2 spsk risvin eller tør sherry

salt og friskkværnet peber

Læg bøffen i en skål. Bland sojasovsen og majsmel sammen og tilsæt til bøffen. Lad det macerere i 30 minutter. Varm halvdelen af olien op og steg agurken i 3 minutter, indtil den er uigennemsigtig, og tag den derefter af panden. Varm den resterende olie op og steg bøffen, indtil den er brun. Tilsæt agurken og lad det simre i 2 minutter. Tilsæt bouillon, vin eller sherry og smag til med salt og peber. Bring det i kog, læg låg på og lad det simre i 3 minutter.

Beef Chow Mein

til 4 personer

750 g / 1 ¬Ω lb oksemørbrad

2 løg

45 ml / 3 spsk sojasovs

45 ml / 3 spsk risvin eller tør sherry

15 ml / 1 spsk jordnøddesmør

5 ml/1 tsk citronsaft

350 g/12 oz Æggepasta

60 ml / 4 spiseskefulde jordnøddeolie

175 ml / 6 fl oz / ¬œ kop hønsefond

15 ml / 1 spsk majsmel (majsstivelse)

30 ml / 2 spsk østerssauce

4 te, hakket

3 stilke selleri, skåret i skiver

100 g champignon i skiver

1 grøn peberfrugt skåret i strimler

100 g/4 oz bønnespirer

Trim og kassér fedtet fra kødet. Skær kornet i tynde skiver. Skær løget i skiver og adskil lagene. Bland 15 ml/1 spsk sojasauce med 15 ml/1 spsk vin eller sherry, jordnøddesmør og citronsaft. Tilsæt kødet, læg låg på og lad hvile i 1 time. Kog pastaen i kogende vand i cirka 5 minutter eller indtil den er mør. Dræn godt af. Opvarm 15 ml / 1 spsk olie, tilsæt 15 ml / 1 spsk sojasauce og nudler og steg i 2 minutter, indtil de er let gyldne. Læg på en varm serveringsfad.

Bland den resterende sojasovs og vin eller sherry med bouillon, fløde og østerssauce. Varm 15 ml/1 spsk olie op og steg løget i 1 minut. Tilsæt selleri, champignon, peber og bønnespirer og sauter i 2 minutter. Fjern fra wokken. Varm den resterende olie op og steg kødet, indtil det er brunt. Tilsæt bouillon, bring det i kog, læg låg på og lad det simre i 3 minutter. Kom grøntsagerne tilbage i wokken og kog under omrøring, indtil de er gennemvarme, cirka 4 minutter. Hæld blandingen over pastaen og server.

agurkefilet

til 4 personer

450 g/1 lb mørbradbøf
10 ml / 2 tsk majsmel (majsstivelse)
10 ml / 2 teskefulde salt
2,5 ml / ¬Ω tsk friskkværnet peber
90 ml / 6 spiseskefulde jordnøddeolie
1 finthakket løg
1 agurk, skrællet og skåret i skiver
120 ml / 4 fl oz / ¬Ω kop oksebouillon

Skær fileten i strimler og derefter i tynde skiver i forhold til øjet. Kom i en skål og tilsæt majsstivelse, salt, peber og halvdelen af olien. Lad det macerere i 30 minutter. Varm den resterende olie op og steg kødet og løget let gyldenbrunt. Tilsæt agurk og bouillon, bring det i kog, læg låg på og lad det simre i 5 minutter.

Roastbeef karry

til 4 personer

45 ml / 3 spsk smør

15 ml / 1 spsk karrypulver

45 ml / 3 spsk almindeligt mel (all-purpose)

375 ml / 13 fl oz / 1 Ω mælkekrus

15 ml/1 spsk sojasovs

salt og friskkværnet peber

450g/1lb kogt oksekød, hakket

100 g/4 oz ærter

2 finthakkede gulerødder

2 finthakkede løg

225 g/8 oz langkornet ris, varm

1 hårdt (kogt) æg, skåret i skiver

Smelt smørret, tilsæt karry og mel og kog i 1 minut. Tilsæt mælk og sojasovs, bring det i kog og kog under omrøring i 2 minutter. Tilsæt salt og peber. Tilsæt oksekød, ærter, gulerødder og løg og vend godt rundt, så det dækkes med saucen. Tilsæt risene, overfør derefter blandingen til en bageplade, og bag dem i en forvarmet ovn ved 200 °C / 400 °F / gasmærke 6 i 20 minutter, indtil grøntsagerne er møre. Serveres pyntet med skiver hårdkogt æg.

Almindelig stegt kylling

til 4 personer

1 kyllingebryst, skåret i tynde skiver

2 skiver ingefærrod, hakket

2 te, hakket

15 ml / 1 spsk majsmel (majsstivelse)

15 ml / 1 spsk risvin eller tør sherry

30 ml / 2 spsk vand

2,5 ml / ½ tsk salt

45 ml / 3 spiseskefulde jordnøddeolie (peanut).

100 g/4 oz bambusskud, skåret i skiver

100 g champignon i skiver

100 g/4 oz bønnespirer

15 ml/1 spsk sojasovs

5 ml/1 tsk sukker

120 ml / 4 fl oz / ½ kop hønsefond

Læg kyllingen i en skål. Bland ingefær, grøn te, majsstivelse, vin eller sherry, vand og salt, tilsæt kyllingen og lad det stå i 1 time. Varm halvdelen af olien op, og steg kyllingen, til den er let gylden, og tag den derefter af panden. Varm den resterende olie op og steg bambusskud, svampe og bønnespirer i 4 minutter. Tilsæt sojasovs, sukker og bouillon, bring det i kog, læg låg på og lad det simre i 5 minutter, indtil grøntsagerne er bløde. Kom kyllingen tilbage i gryden, vend godt rundt og varm forsigtigt op inden servering.

Kylling i tomatsauce

til 4 personer

30 ml / 2 spsk jordnøddeolie

5 ml/1 tsk salt

2 fed hvidløg, hakket

450 g/1 lb kylling i tern

300 ml / ½ pt / 1 ¼ kopper hønsebouillon

120 ml / 4 fl oz / ½ kop ketchup

15 ml / 1 spsk majsmel (majsstivelse)

4 te, skåret i skiver

Varm olien op med salt og hvidløg, indtil hvidløget er let gyldent. Tilsæt kyllingen og steg let. Tilsæt det meste af fonden, bring det i kog, læg låg på og lad det simre i cirka 15 minutter, indtil kyllingen er mør. Bland resten af suppen med tomatsaucen og majsmel, og bland det derefter i gryden. Kog ved svag varme under omrøring, indtil saucen tykner og klarner. Hvis saucen er for tynd, så lad den simre lidt, indtil den er blød. Tilsæt løget og steg i 2 minutter før servering.

Kylling med tomater

til 4 personer

225 g/8 oz kylling i tern

15 ml / 1 spsk majsmel (majsstivelse)

15 ml/1 spsk sojasovs

15 ml / 1 spsk risvin eller tør sherry

45 ml / 3 spiseskefulde jordnøddeolie (peanut).

1 hakket løg

60 ml / 4 spsk hønsefond

5 ml/1 tsk salt

5 ml/1 tsk sukker

2 tomater, skrællet og skåret i tern

Bland kyllingen med majsstivelse, sojasovs og vin eller sherry og lad hvile i 30 minutter. Varm olien op og steg kyllingebrystet til det er brunt. Tilsæt løget og sauter indtil det er blødt. Tilsæt bouillon, salt og sukker, bring det i kog og rør forsigtigt ved svag varme, indtil kyllingen er mør. Tilsæt tomaterne og rør til de er gennemvarme.

Pocheret kylling med tomater

til 4 personer

4 portioner kylling

4 tomater, skrællet og delt i kvarte

15 ml / 1 spsk risvin eller tør sherry
15 ml / 1 spsk jordnøddeolie
salt

Læg kyllingen i en gryde og dæk med koldt vand. Bring det i kog, læg låg på og lad det simre i 20 minutter. Tilsæt tomater, vin eller sherry, olie og salt, læg låg på og lad det simre i yderligere 10 minutter, indtil kyllingen er mør. Læg kyllingen på en varm tallerken og server skåret i skiver. Varm saucen op og hæld over kyllingen til servering.

Kylling og tomater med sort bønnesauce

til 4 personer

45 ml / 3 spiseskefulde jordnøddeolie (peanut).
1 fed presset hvidløg

45 ml / 3 spsk sort bønnesauce

225 g/8 oz kylling i tern

15 ml / 1 spsk risvin eller tør sherry

5 ml/1 tsk sukker

15 ml/1 spsk sojasovs

90 ml / 6 spsk hønsefond

3 tomater, skrællet og delt i kvarte

10 ml / 2 tsk majsmel (majsstivelse)

45 ml / 3 spsk vand

Varm olien op og steg hvidløget i 30 sekunder. Tilsæt den sorte bønnesauce og sauter i 30 sekunder, tilsæt derefter kyllingen og rør, indtil den er godt dækket af olien. Tilsæt vin eller sherry, sukker, sojasovs og bouillon, bring det i kog, læg låg på og lad det simre i cirka 5 minutter, indtil kyllingen er mør. Bland majsmel og vand, indtil det bliver en pasta, bland det i gryden og lad det simre under omrøring, indtil saucen bliver klar og tykner.

Hurtigstegt kylling med grøntsager

til 4 personer

1 æggehvide

50 g/2 oz majsmel (majsstivelse)

225 g/8 oz kyllingebryst, skåret i strimler

75 ml / 5 spiseskefulde jordnøddeolie (peanut).

200 g/7 oz bambusskud, skåret i strimler

50 g/2 oz bønnespirer

1 grøn peberfrugt skåret i strimler

3 te, skåret i skiver

1 skive ingefærrod, hakket

1 fed hvidløg, hakket

15 ml / 1 spsk risvin eller tør sherry

Pisk æggehvider og majsstivelse sammen og dyp kyllingestrimlerne i blandingen. Varm olien op og steg kyllingen i et par minutter, indtil den er mør. Tag af panden og dræn godt af. Tilsæt bambusskud, bønnespirer, peberfrugt, løg, ingefær og hvidløg på panden og steg i 3 minutter. Tilsæt vin eller sherry og kom kyllingen tilbage i gryden. Bland godt og varm op inden servering.

Kylling med valnødder

til 4 personer

45 ml / 3 spiseskefulde jordnøddeolie (peanut).

2 te, hakket

1 skive ingefærrod, hakket

450 g/1 lb kyllingebryst, meget tynde skiver

50 g/2 oz skinke, hakket

30 ml / 2 spsk sojasovs

30 ml / 2 spsk risvin eller tør sherry

5 ml/1 tsk sukker

5 ml/1 tsk salt

100 g / 4 oz / 1 kop valnødder, hakket

Varm olien op og steg løg og ingefær heri i 1 minut. Tilsæt kylling og skinke og kog indtil næsten færdig på 5 minutter. Tilsæt sojasovsen, vin eller sherry, sukker og salt og lad det simre i 3 minutter. Tilsæt valnødderne og rist i 1 minut, indtil ingredienserne er godt blandet.

Kylling med valnødder

til 4 personer

100 g / 4 oz / 1 kop afskallede valnødder, halveret

olie til stegning

45 ml / 3 spiseskefulde jordnøddeolie (peanut).

2 skiver ingefærrod, hakket

225 g/8 oz kylling i tern

100 g/4 oz bambusskud, skåret i skiver

75 ml / 5 spiseskefulde hønsefond

Tilbered valnødderne, varm olien op og steg valnødderne til de er brune og dryp godt af. Varm jordnøddeolien op og steg ingefæren i 30 sekunder. Tilsæt kyllingen og steg let. Tilsæt resten af ingredienserne, bring det i kog og kog under omrøring, indtil kyllingen er mør.

Kylling med vandkastanjer

til 4 personer

45 ml / 3 spiseskefulde jordnøddeolie (peanut).

2 fed hvidløg, hakket

2 te, hakket

1 skive ingefærrod, hakket

225 g/8 oz kyllingebryst, skåret i skiver

100 g vandkastanjer i skiver

45 ml / 3 spsk sojasovs

15 ml / 1 spsk risvin eller tør sherry

5 ml / 1 tsk majsmel (majsstivelse)

Varm olien op og steg hvidløg, løg og ingefær let gyldent. Tilsæt kyllingen og steg i 5 minutter. Tilsæt vandkastanjer og lad det simre i 3 minutter. Tilsæt sojasovs, vin eller sherry og majsmel og lad det simre i cirka 5 minutter, indtil kyllingen er mør.

Saltet kylling med vandkastanjer

til 4 personer

30 ml / 2 spsk jordnøddeolie

4 stykker kylling

3 te, hakket

2 fed hvidløg, hakket

1 skive ingefærrod, hakket

250 ml / 8 fl oz / 1 kop sojasovs

30 ml / 2 spsk risvin eller tør sherry

30 ml / 2 spsk brun farin

5 ml/1 tsk salt

375 ml / 13 fl oz / 1¼ kopper vand

225 g/8 oz vandkastanjer, skåret i skiver

15 ml / 1 spsk majsmel (majsstivelse)

Varm olien op og steg kyllingestykkerne til de er brune. Tilsæt løg, hvidløg og ingefær og steg i 2 minutter. Tilsæt sojasovs, vin eller sherry, sukker og salt og bland godt. Tilsæt vandet, bring det i kog, læg låg på og lad det simre i 20 minutter. Tilsæt vandkastanjer, læg låg på og kog i yderligere 20 minutter. Bland majsmelet med lidt vand, bland det i saucen og lad det simre under omrøring, indtil saucen bliver klar og tykner.

kylling wontons

til 4 personer

4 tørrede kinesiske svampe

450 g/1 lb kyllingebryst, hakket

225 g/8 oz blandede grøntsager, hakket

1 forårsløg (løg), finthakket

15 ml/1 spsk sojasovs

2,5 ml / ½ tsk salt

40 wonton skind

1 sammenpisket æg

Blødgør svampene i varmt vand i 30 minutter, og filtrer derefter. Kassér stilkene og skær toppen af. Bland med kylling, grøntsager, sojasovs og salt.

For at folde wontons skal du holde skindet i din venstre håndflade og placere fyldet i midten. Pensl kanterne med æg, fold skallen til en trekantet form, forsegl kanterne. Fugt hjørnerne med æg og vrid.

Kog en gryde vand. Tilsæt wontons og kog i cirka 10 minutter, indtil de flyder til toppen.

Sprøde kyllingevinger

til 4 personer

900g/2lb kyllingevinger

60 ml / 4 spsk risvin eller tør sherry

60 ml / 4 spsk sojasovs

50 g / 2 oz / ½ kop majsmel (majsstivelse)

jordnøddeolie til stegning

Læg kyllingevingerne i en skål. Bland resten af ingredienserne og hæld over kyllingevingerne, vend godt rundt, så det dækkes med saucen. Dæk til og lad stå i 30 minutter. Varm olien op og steg kyllingen lidt efter lidt, indtil den er gennemstegt og mørkebrun. Afdryp godt på køkkenpapir og hold varmt, mens du steger den resterende kylling.

Fem krydderi kyllingevinger

til 4 personer

30 ml / 2 spsk jordnøddeolie

2 fed hvidløg, hakket

450 g/1 lb kyllingevinger

250 ml / 8 fl oz / 1 kop hønsefond

30 ml / 2 spsk sojasovs

5 ml/1 tsk sukker

5 ml/1 tsk fem-krydderi pulver

Varm olie og hvidløg op, indtil hvidløget er let gyldenbrunt. Tilsæt kyllingen og steg let. Tilsæt de øvrige ingredienser, bland godt og bring det i kog. Læg låg på og lad det simre i cirka 15 minutter, indtil kyllingen er mør. Tag låget af og fortsæt med at koge under omrøring af og til, indtil det meste af væsken er fordampet. Serveres varm eller kold.

Marinerede kyllingevinger

til 4 personer

45 ml / 3 spsk sojasovs

45 ml / 3 spsk risvin eller tør sherry

30 ml / 2 spsk brun farin

5 ml / 1 tsk revet ingefærrod

2 fed hvidløg, hakket

6 te, skåret i skiver

450 g/1 lb kyllingevinger

30 ml / 2 spsk jordnøddeolie

225 g/8 oz bambusskud, skåret i skiver

20 ml / 4 teskefulde majsmel (majsstivelse)

175 ml / 6 fl oz / ¾ kop kyllingefond

Rør sojasovs, vin eller sherry, sukker, ingefær, hvidløg og løg i. Tilsæt kyllingevingerne og rør rundt, så de er dækket helt. Dæk til og lad stå i 1 time under omrøring af og til. Varm olien op og steg bambusskuddene i 2 minutter. Fjern dem fra panden. Dræn kylling og løg, dræn marinaden. Varm olien op og steg kyllingen brun på alle sider. Dæk til og kog i yderligere 20 minutter, indtil kyllingen er mør. Bland majsstivelsen med bouillon og marinade. Hæld over kyllingen og kog under omrøring, indtil saucen tykner. Tilsæt bambusskuddene og kog under omrøring i yderligere 2 minutter.

Ægte kyllingevinger

til 4 personer

12 kyllingevinger

250 ml / 8 fl oz / 1 kop jordnøddeolie.

15 ml/1 spsk granuleret sukker

2 te, skåret i stykker

5 skiver ingefærrod

5 ml/1 tsk salt

45 ml / 3 spsk sojasovs

250 ml / 8 fl oz / 1 kop risvin eller tør sherry

250 ml / 8 fl oz / 1 kop hønsefond

10 skiver bambusskud

15 ml / 1 spsk majsmel (majsstivelse)

15 ml / 1 spsk vand

2,5 ml / ½ tsk sesamolie

Kog kyllingevingerne i kogende vand i 5 minutter, og dræn derefter godt af. Varm olien op, tilsæt sukkeret og rør, indtil det smelter og bliver gyldent. Tilsæt kylling, grøn te, ingefær, salt, sojasovs, vin og bouillon, bring det i kog og lad det simre i 20 minutter. Tilsæt bambusskuddene og kog i 2 minutter eller indtil væsken næsten er fordampet. Bland majsmelet med vandet, bland det i gryden og rør til det tykner. Læg kyllingevingerne på en varm tallerken og server drysset med sesamolie.

Kyllingevinger med krydderier

til 4 personer

30 ml / 2 spsk jordnøddeolie

5 ml/1 tsk salt

2 fed hvidløg, hakket

900g/2lb kyllingevinger

30 ml / 2 spsk risvin eller tør sherry

30 ml / 2 spsk sojasovs

30 ml / 2 spsk tomatpure (pasta)

15 ml / 1 spsk Worcestershire sauce

Varm olie, salt og hvidløg op og steg indtil hvidløget er let gyldenbrunt. Tilsæt kyllingevingerne og kog under jævnlig omrøring, indtil de er gyldenbrune og næsten færdige, cirka 10 minutter. Tilsæt resten af ingredienserne og kog i cirka 5 minutter, til kyllingen er sprød og gennemstegt.

grillede kyllingelår

til 4 personer

16 kyllingelår

30 ml / 2 spsk risvin eller tør sherry

30 ml / 2 spsk vineddike

30 ml / 2 spsk olivenolie

salt og friskkværnet peber

120 ml / 4 fl oz / ½ kop appelsinjuice

30 ml / 2 spsk sojasovs

30 ml / 2 skeer honning

15 ml/1 spsk citronsaft

2 skiver ingefærrod, hakket

120 ml / 4 fl oz / ½ kop chilisauce

Bland alle ingredienserne undtagen chilisaucen, læg låg på og mariner natten over i køleskabet. Fjern kyllingen fra marinaden og grill eller steg i cirka 25 minutter, vend derefter og pensl med chilisaucen under tilberedningen.

Hoisin kyllingelår

til 4 personer

8 kyllingelår

600 ml / 1 stk / 2½ kopper hønsefond

salt og friskkværnet peber

250 ml / 8 fl oz / 1 kop hoisinsauce

30 ml / 2 spsk almindeligt mel (all-purpose)

2 sammenpisket æg

100 g / 4 oz / 1 kop brødkrummer

olie til stegning

Kom fade og bouillon i en gryde, bring det i kog, læg låg på og lad det simre i 20 minutter, indtil det er gennemstegt. Tag kyllingen af panden og dup tør med køkkenrulle. Læg kyllingen i en skål og krydr med salt og peber. Hæld hoisinsauce over og lad marinere i 1 time. At flyde ned. Dyp kyllingen i mel, overtræk derefter med æg og rasp, så igen med æg og rasp. Varm olien op og steg kyllingebrystet i cirka 5 minutter. Afdryp på køkkenpapir og server varm eller kold.

Dampet kylling

Til 4-6 portioner

75 ml / 5 spiseskefulde jordnøddeolie (peanut).

1 kylling

3 te, skåret i skiver

3 skiver ingefærrod

120 ml / 4 fl oz / ½ kop sojasovs

30 ml / 2 spsk risvin eller tør sherry

5 ml/1 tsk sukker

Varm olien op og steg kyllingebrystet til det er brunt. Tilsæt løg, ingefær, sojasovs og vin eller sherry og bring det i kog. Læg låg på og lad det simre i 30 minutter, vend af og til. Tilsæt sukker, læg låg på og lad det simre i yderligere 30 minutter, indtil kyllingen er mør.

Sprødstegt kylling

til 4 personer

1 kylling

salt

30 ml / 2 spsk risvin eller tør sherry

3 teer (drænet), skåret i tern

1 skive ingefærrod

30 ml / 2 spsk sojasovs

30 ml / 2 spsk sukker

5 ml / 1 tsk hele nelliker

5 ml/1 tsk salt

5 ml / 1 tsk peberkorn

150 ml / ¼ pt / generøs ½ kop hønsefond

olie til stegning

1 grøn salat, revet

4 tomater, skåret i skiver

½ agurk, skåret i skiver

Gnid kyllingen med salt og lad den hvile i 3 timer. Skyl og læg i en skål. Tilsæt vin eller sherry, ingefær, sojasovs, sukker, nelliker, salt, peberkorn og bouillon og bland godt. Læg gryden i en dampkoger, læg låg på og lad det simre i ca. 2 ¼ time, indtil kyllingen er gennemstegt. At flyde ned. Varm olien op, indtil den ryger, tilsæt derefter kyllingen og steg den, indtil den er brun. Steg i yderligere 5 minutter, fjern fra olien og afdryp. Skær i stykker og læg på en varm tallerken. Pynt med salat, tomat og agurk og server med salt og peberdressing.

Helstegt kylling

Til 5 portioner

1 kylling

10 ml / 2 teskefulde salt

15 ml / 1 spsk risvin eller tør sherry

2 teer, skåret i halve

3 skiver ingefærrod, skåret i strimler

olie til stegning

Dup kyllingen tør og gnid skindet med salt og vin eller sherry. Læg løg og ingefær i hulrummet. Lad kyllingen tørre et køligt sted i cirka 3 timer. Varm olien op og kom kyllingen i en gryde. Sænk det forsigtigt ned i olien og bliv ved med at gnide det indvendigt og udvendigt, indtil kyllingen er let farvet. Fjern olien og lad den køle lidt af, mens du genopvarmer olien. Steg igen indtil brun. Dræn godt, og skær derefter i tern.

Fem-krydder kylling

Til 4-6 portioner

1 kylling

120 ml / 4 fl oz / ½ kop sojasovs

2,5 cm/1 tomme ingefærrod, finthakket

1 fed presset hvidløg

15 ml/1 spiseskefuld femkrydderipulver

30 ml / 2 spsk risvin eller tør sherry

30 ml / 2 skeer honning

2,5 ml / ½ tsk sesamolie

olie til stegning

30 ml / 2 spsk salt

5 ml / 1 tsk friskkværnet peber

Læg kyllingen i en stor gryde og fyld med vand op til midten af låret. Reserver 15 ml/1 spsk sojasovs og tilsæt resten til gryden med ingefær, hvidløg og halvdelen af de fem krydderier. Bring det i kog, læg låg på og lad det simre i 5 minutter. Sluk for varmen og lad kyllingen stå i vandet, indtil vandet er lunkent. At flyde ned.

Skær kyllingen i halve på langs og læg den med snitsiden nedad i en gryde. Bland den resterende sojasovs og femkrydderipulver med vin eller sherry, honning og sesamolie. Gnid blandingen over kyllingen og lad den sidde i 2 timer, og drys af og til. Varm olien op og steg kyllingehalvdelene i cirka 15 minutter, til de er brunede og gennemstegte. Afdryp på køkkenpapir og skær i tern.

Rør imens salt og peber i, og opvarm på en tør pande i cirka 2 minutter. Server med kylling som sauce.

Kylling med ingefær og purløg

til 4 personer

1 kylling
2 skiver ingefærrod, skåret i strimler
salt og friskkværnet peber
90 ml / 4 spiseskefulde jordnøddeolie
8 te, hakket
10 ml / 2 teskefulde hvidvinseddike
5 ml/1 tsk sojasovs

Læg kyllingen i en stor gryde, tilsæt halvdelen af ingefæren og dæk med nok vand til næsten at dække kyllingen. Tilsæt salt og peber. Bring det i kog, læg låg på og lad det simre i cirka 1¼ time, indtil det er mørt. Lad kyllingen blive i bouillonen, indtil den er afkølet. Dræn kyllingen og stil den på køl til den er kold. Skær i dele.

Riv den resterende ingefær og smag til med olie, løg, vineddike og sojasovs samt salt og peber. Stil på køl i 1 time. Læg kyllingestykkerne i en skål og hæld ingefærsaucen over dem. Server med dampede ris.

pocheret kylling

til 4 personer

1 kylling

1,2 L / 2 point / 5 kopper hønsebouillon eller vand

30 ml / 2 spsk risvin eller tør sherry

4 te, hakket

1 skive ingefærrod

5 ml/1 tsk salt

Læg kyllingen i en stor gryde med alle de øvrige ingredienser. Bouillonen eller vandet skal nå midt på låret. Bring det i kog, læg låg på og lad det simre i cirka 1 time, indtil kyllingen er mør. Dræn og reserver suppen til supperne.

Rød kogt kylling

til 4 personer

1 kylling

250 ml / 8 fl oz / 1 kop sojasovs

Læg kyllingen i en gryde, hæld sojasovsen over og fyld med vand, så den næsten dækker kyllingen. Bring det i kog, læg låg på og lad det simre i cirka 1 time, indtil kyllingen er mør, vend indimellem.

Rødkogt krydret kylling

til 4 personer

2 skiver ingefærrod

2 purløg

1 kylling

3 stjerneanis nelliker

½ kanelstang

15 ml / 1 spsk Szechuan peber

75 ml / 5 spiseskefulde sojasovs

75 ml / 5 spsk risvin eller tør sherry

75 ml / 5 spiseskefulde sesamolie

15 ml/1 skefuld sukker

Læg ingefær og teer i kyllingehulen og læg kyllingen i en gryde. Bind stjerneanis, kanel og pebernødder i et stykke muslin og tilsæt på panden. Hæld sojasovsen, vin eller sherry og sesamolie over. Bring det i kog, læg låg på og lad det simre i cirka 45 minutter. Tilsæt sukker, læg låg på og kog i yderligere 10 minutter, indtil kyllingen er mør.

Stegt kylling med sesam

til 4 personer

50 g/2 oz sesamfrø

1 finthakket løg

2 fed hvidløg, finthakket

10 ml / 2 teskefulde salt

1 tørret rød chili, stødt

en knivspids malet nelliker

2,5 ml / ½ tsk stødt kardemomme

2,5 ml / ½ tsk malet ingefær

75 ml / 5 spiseskefulde jordnøddeolie (peanut).

1 kylling

Bland alle krydderier og olie sammen og pensl over kyllingen. Læg i en bakke og tilsæt 30 ml/2 spsk vand. I en forvarmet ovn ved 180°C/350°F/gas 4 indstillinger ca. Bages i 2 timer, vend kyllingen fra tid til anden og steg, indtil den er gyldenbrun. Tilføj lidt vand, hvis det er nødvendigt for at forhindre, at det brænder på.

Kylling i sojasovs

Til 4-6 portioner

300 ml / ½ pt / 1¼ kopper sojasovs
300 ml / ½ pt / 1¼ kopper risvin eller tør sherry
1 finthakket løg
3 skiver ingefærrod, hakket
50 g / 2 oz / ¼ kop sukker
1 kylling
15 ml / 1 spsk majsmel (majsstivelse)
60 ml / 4 spiseskefulde vand
1 agurk, skrællet og skåret i skiver
30 ml / 2 spsk hakket frisk persille

Kom sojasovsen, vin eller sherry, løg, ingefær og sukker i en gryde og bring det i kog. Tilsæt kyllingen, bring det i kog igen, læg låg på og lad det simre i 1 time, vend af og til, indtil det er mørt. Læg kyllingen på et lunt fad og skær den ud. Hæld alle på nær 250 ml/8 fl oz/1 kop af kogevæsken og bring det i kog. Bland majsmel og vand, indtil det bliver en pasta, bland det i gryden og lad det simre under omrøring, indtil saucen bliver klar og tykner. Smør lidt sauce på kyllingen og pynt med agurk og persille. Server den resterende sauce separat.

dampet kylling

til 4 personer

1 kylling

45 ml / 3 spsk risvin eller tør sherry

salt

2 skiver ingefærrod

2 purløg

250 ml / 8 fl oz / 1 kop hønsefond

Læg kyllingen i et ovnfast fad og drys med vin eller sherry og salt, og læg derefter ingefær og purløg i hulrummet. Stil fadet på en rist i en dampkoger, dæk til og damp over kogende vand i cirka 1 time, til det er gennemstegt. Serveres varm eller kold.

Dampet kylling med anis

til 4 personer

250 ml / 8 fl oz / 1 kop sojasovs

250 ml / 8 fl oz / 1 kop vand

15 ml/1 spsk brun farin

4 nelliker stjerneanis

1 kylling

Bland sojasovs, vand, sukker og anis i en gryde og bring det i kog ved svag varme. Læg kyllingen i en skål og beklæd indersiden og ydersiden med blandingen. Opvarm blandingen og gentag. Læg kyllingen i en varmefast skål. Stil fadet på en rist i en dampkoger, dæk til og damp over kogende vand i cirka 1 time, til det er gennemstegt.

Underligt smagende kylling

til 4 personer

1 kylling

5 ml/1 tsk finthakket ingefærrod

5 ml/1 tsk hakket hvidløg

45 ml / 3 spsk tyk sojasovs

5 ml/1 tsk sukker

2,5 ml / ½ teskefuld vineddike

10 ml / 2 tsk sesamsauce

5 ml / 1 tsk friskkværnet peber

10 ml / 2 tsk chiliolie

½ grøn salat, revet

15 ml / 1 spsk frisk, hakket koriander

Læg kyllingen i en gryde og fyld med vand, indtil den kommer halvvejs op ad kyllingelårene. Bring det i kog, læg låg på og lad det simre i cirka 1 time, indtil kyllingen er mør. Tag den op af gryden, dræn godt af og læg den i blød i isvand, indtil kødet er helt afkølet. Dræn godt af og skær i 5 cm/2 stykker Bland de øvrige ingredienser og hæld over kyllingen. Serveres pyntet med salat og koriander.

Sprøde kyllingestykker

til 4 personer

100 g almindeligt mel (all-purpose)

knivspids salt

15 ml / 1 spsk vand

1 æg

350 g kogt kylling skåret i tern

olie til stegning

Bland mel, salt, vand og æg til du får en stiv nok dej, tilsæt evt. lidt vand. Dyp kyllingestykkerne i dejen, indtil de er godt dækket. Varm olien meget varm og steg kyllingen sprød og gyldenbrun på få minutter.

Kylling med grønne bønner

til 4 personer

45 ml / 3 spiseskefulde jordnøddeolie (peanut).

450g/1lb kogt kylling, hakket

5 ml/1 tsk salt

2,5 ml / ½ tsk friskkværnet peber

225 g/8 oz grønne bønner, i tern

1 bladselleri, skåret diagonalt

225 g champignon i skiver

250 ml / 8 fl oz / 1 kop hønsefond

30 ml / 2 spsk majsmel (majsstivelse)

60 ml / 4 spiseskefulde vand

10 ml / 2 tsk sojasovs

Varm olien op, steg kyllingebrystet, tilsæt salt og peber til det bruner lidt. Tilsæt bønner, selleri og svampe og bland godt. Tilsæt bouillon, bring det i kog, læg låg på og lad det simre i 15 minutter. Bland majsmel, vand og sojasovs til en pasta, rør i gryden og kog under omrøring ved svag varme, indtil saucen klarner og tykner.

Kogt kylling med ananas

til 4 personer

45 ml / 3 spiseskefulde jordnøddeolie (peanut).

225 g/8 oz kogt kylling, skåret i tern

salt og friskkværnet peber

2 stilke selleri, skåret diagonalt

3 skiver ananas, skåret i stykker

120 ml / 4 fl oz / ½ kop hønsefond

15 ml/1 spsk sojasovs

10 ml / 2 spsk majsmel (majsstivelse)

30 ml / 2 spsk vand

Varm olien op og steg kyllingebrystet til det er let gyldent. Smag til med salt og peber, tilsæt sellerien og steg i 2 minutter. Tilsæt ananas, bouillon og sojasovs og rør rundt i et par minutter, indtil det er gennemvarmet. Bland majsmel og vand, indtil det bliver en pasta, bland det i gryden og lad det simre under omrøring, indtil saucen bliver klar og tykner.

Kylling med peberfrugt og tomater

til 4 personer

45 ml / 3 spiseskefulde jordnøddeolie (peanut).

450 g/1 lb kogt kylling, skåret i skiver

10 ml / 2 teskefulde salt

5 ml / 1 tsk friskkværnet peber

1 grøn peberfrugt skåret i stykker

4 store tomater, skrællet og skåret i skiver

250 ml / 8 fl oz / 1 kop hønsefond

30 ml / 2 spsk majsmel (majsstivelse)

15 ml/1 spsk sojasovs

120 ml / 4 fl oz / ½ kop vand

Varm olien op og steg kyllingebrystet, tilsæt salt og peber til det er brunet. Tilsæt peberfrugt og tomater. Hæld bouillon i, bring det i kog, læg låg på og kog i 15 minutter. Bland majsmel, sojasovs og vand til en pasta, bland i gryden og kog under omrøring ved svag varme, indtil saucen bliver klar og tykner.

Sesam kylling

til 4 personer

450 g/1 lb kogt kylling, skåret i strimler
2 skiver finthakket ingefær
1 forårsløg (løg), finthakket
salt og friskkværnet peber
60 ml / 4 spsk risvin eller tør sherry
60 ml / 4 spiseskefulde sesamolie
10 ml / 2 teskefulde sukker
5 ml/1 tsk vineddike
150 ml / ¼ pt / ½ kop generøs sojasovs

Læg kyllingen på et fad og drys med ingefær, spidskål, salt og peber. Rør vin eller sherry, sesamolie, sukker, vineddike og sojasovs i. Hæld over kyllingen.

stegte kyllinger

til 4 personer

2 kikærter, halveret

45 ml / 3 spsk sojasovs

45 ml / 3 spsk risvin eller tør sherry

120 ml / 4 fl oz / ½ kop jordnøddeolie.

1 forårsløg (løg), finthakket

30 ml / 2 spsk hønsefond

10 ml / 2 teskefulde sukker

5 ml/1 tsk chiliolie

5 ml/1 tsk hvidløgspasta

salt peber

Læg kikærterne i en skål. Bland sojasovsen og vin eller sherry, hæld over kyllingen, læg låg på og lad det marinere i 2 timer. Varm olien op og steg de små i cirka 20 minutter til de er kogte. Tag dem op af gryden og varm olien op. Kom dem tilbage i gryden og steg dem gyldenbrune. Hæld det meste af olien fra. Bland resten af ingredienserne, kom dem i gryden og varm dem hurtigt op. Hæld poussinerne over inden servering.

Tyrkiet med Mangetout

til 4 personer

60 ml / 4 spiseskefulde jordnøddeolie

2 te, hakket

2 fed hvidløg, hakket

1 skive ingefærrod, hakket

225 g/8 oz kalkunbryst, skåret i skiver

225 g / 8 oz sneærter

100 g/4 oz bambusskud, skåret i strimler

50 g vandkastanjer, skåret i strimler

45 ml / 3 spsk sojasovs

15 ml / 1 spsk risvin eller tør sherry

5 ml/1 tsk sukker

5 ml/1 tsk salt

15 ml / 1 spsk majsmel (majsstivelse)

Varm 45 ml/3 spsk olie op og steg løg, hvidløg og ingefær let gyldne. Tilsæt kalkunen og steg i 5 minutter. Fjern fra panden og stil til side. Varm den resterende olie op og steg sneærter, bambusskud og vandkastanjer heri i 3 minutter. Tilsæt sojasovsen, vin eller sherry, sukker og salt og kom kalkunen tilbage i gryden. Kog i 1 minut. Bland majsmelet med lidt vand, rør det i gryden og lad det simre under omrøring, indtil saucen bliver klar og tykner.

Kalkun med peberfrugt

til 4 personer

4 tørrede kinesiske svampe

30 ml / 2 spsk jordnøddeolie

1 bok choy, skåret i strimler

350 g/12 oz røget kalkun, skåret i skiver

1 finthakket løg

1 rød peberfrugt skåret i strimler

1 grøn peberfrugt skåret i strimler

120 ml / 4 fl oz / ½ kop hønsefond

30 ml / 2 spsk tomatpure (pasta)

45 ml / 3 spiseskefulde vineddike

30 ml / 2 spsk sojasovs

15 ml/1 spsk hoisinsauce

10 ml / 2 tsk majsmel (majsstivelse)

et par dråber varm peberolie

Blødgør svampene i varmt vand i 30 minutter, og filtrer derefter. Kassér stilkene og skær toppen i strimler. Varm halvdelen af olien op og steg kålen i cirka 5 minutter eller indtil den er gennemstegt. Fjern fra panden. Tilsæt kalkunen og steg i 1 minut. Tilsæt grøntsagerne og steg i 3 minutter.

Bland bouillon med tomatpuré, vineddike og saucer og kom det på panden sammen med kålen. Bland majsstivelsen med lidt vand, bland det i gryden og bring det i kog under omrøring. Drys med chiliolie og kog ved svag varme under konstant omrøring i 2 minutter.

kinesisk stegt kalkun

Serveres fra 8-10

1 lille kalkun
600 ml / 1 pt / 2½ kopper varmt vand
10 ml / 2 teskefulde allehånde
500 ml / 16 fl oz / 2 kopper sojasovs
5 ml/1 tsk sesamolie
10 ml / 2 teskefulde salt
45 ml / 3 spsk smør

Læg kalkunen i en gryde og hæld kogende vand over den. Tilsæt resten af ingredienserne, bortset fra smørret, og lad det stå i 1 time under omrøring flere gange. Fjern kalkunen fra væsken og pensl med smør. Læg på en plade, dæk løst med køkkenpapir og bag i en ovn forvarmet til 160°C i ca. I 4 timer, lejlighedsvis drysset med sojasovs. Fjern folien og lad skindet blive sprødt de sidste 30 minutter af tilberedningen.

Kalkun med valnødder og svampe

til 4 personer

450 g kalkunbrystfilet

salt peber

Saft af 1 appelsin

15 ml / 1 spsk almindeligt mel (all-purpose)

12 sorte valnødder syltet i juice

5 ml / 1 tsk majsmel (majsstivelse)

15 ml / 1 spsk jordnøddeolie

2 teer i tern

225 g/8 oz svampe

45 ml / 3 spsk risvin eller tør sherry

10 ml / 2 tsk sojasovs

50 g / 2 oz / ½ kop smør

25 g/1 oz pinjekerner

Skær kalkunen i 1 cm/½ tykke skiver. Drys med salt, peber og appelsinsaft og drys med mel. Dræn valnødderne og halver dem, dæk væsken og bland væsken med majsstivelsen. Varm olien op og steg kalkunen, indtil den er brun. Tilsæt løg og svampe og steg i 2 minutter. Tilsæt vin eller sherry og sojasovs og kog i 30 sekunder. Tilsæt valnødderne til majsmelen, rør derefter i gryden og bring det i kog. Tilsæt smørret i små flager, men lad det ikke koge. Rist pinjekernerne på en tør pande, indtil de er gyldenbrune. Læg kalkunblandingen på en varm tallerken og server pyntet med pinjekerner.

And med bambusskud

til 4 personer

6 tørrede kinesiske svampe

1 and

50 g/2 oz røget skinke, skåret i skiver

100 g/4 oz bambusskud, skåret i strimler

2 teer skåret i strimler

2 skiver ingefærrod, skåret i strimler

5 ml/1 tsk salt

Blødgør svampene i varmt vand i 30 minutter, og filtrer derefter. Kassér stilkene og skær toppen i strimler. Kom alle ingredienser i en varmefast skål og kom i en gryde fyldt med vand, indtil de når to tredjedele af skålens længde. Bring det i kog, læg låg på og lad det simre i cirka 2 timer, indtil anden er mør, tilsæt eventuelt kogende vand.

And med bønnespirer

til 4 personer

225 g/8 oz bønnespirer

45 ml / 3 spiseskefulde jordnøddeolie (peanut).

450g/1lb kogt andekød

15 ml/1 spsk østerssauce

15 ml / 1 spsk risvin eller tør sherry

30 ml / 2 spsk vand

2,5 ml / ½ tsk salt

Blancher bønnespirerne i kogende vand i 2 minutter, og sigt derefter. Varm olien op og steg bønnespirerne i 30 sekunder. Tilsæt and og lad det simre, indtil det er gennemvarmet. Tilsæt resten af ingredienserne og steg i 2 minutter for at kombinere smagene. Server med det samme.

Stuvet and

til 4 personer

4 te, hakket

1 skive ingefærrod, hakket

120 ml / 4 fl oz / ½ kop sojasovs

30 ml / 2 spsk risvin eller tør sherry

1 and

120 ml / 4 fl oz / ½ kop jordnøddeolie.

600 ml / 1 pt / 2½ kopper vand

15 ml/1 spsk brun farin

Bland spidskål, ingefær, sojasovs og vin eller sherry og gnid ind og ud af anden. Varm olien op og steg anden let brunet på alle sider. Dræn olien af. Tilsæt vandet og den resterende sojasovsblanding, bring det i kog, læg låg på og lad det simre i 1 time. Tilsæt sukker, læg låg på og lad det simre i yderligere 40 minutter, indtil anden er mør.

Stuvet and med selleri

til 4 personer

350 g kogt and, skåret i skiver

1 hoved selleri

250 ml / 8 fl oz / 1 kop hønsefond

2,5 ml / ½ tsk salt

5 ml/1 tsk sesamolie

1 tomat, skåret i skiver

Læg anden på en stegerist. Skær sellerien i 7,5 cm lange stykker og kom i en gryde. Hæld fonden over, smag til med salt og stil dampkogeren over gryden. Bring fonden i kog, og kog derefter i cirka 15 minutter, indtil sellerien er mør og anden gennemvarmet. Læg and og selleri på en varm tallerken, drys sellerien med sesamolie og server pyntet med tomatskiver.

And med ingefær

til 4 personer

350 g/12 oz andebryst, skåret i tynde skiver

1 æg, let pisket

5 ml/1 tsk sojasovs

5 ml / 1 tsk majsmel (majsstivelse)

5 ml/1 tsk jordnøddeolie

olie til stegning

50 g/2 oz bambusskud

50 g/2 oz sneærter

2 skiver ingefærrod, hakket

15 ml / 1 spsk vand

2,5 ml / ½ tsk sukker

2,5 ml / ½ tsk risvin eller tør sherry

2,5 ml / ½ tsk sesamolie

Bland anden med æg, sojasovs, majsstivelse og olie, og lad den hvile i 10 minutter. Varm olien op og steg and og bambusskud til de er gyldenbrune. Tag af panden og dræn godt af. Tilsæt 15 ml/1 spsk olie fra gryden og lad and, bambusskud, sneærter, ingefær, vand, sukker og vin eller sherry simre i 2 minutter. Server drysset med sesamolie.

And med grønne bønner

til 4 personer

1 and

60 ml / 4 spiseskefulde jordnøddeolie

2 fed hvidløg, hakket

2,5 ml / ½ tsk salt

1 finthakket løg

15 ml / 1 spsk revet ingefærrod

45 ml / 3 spsk sojasovs

120 ml / 4 fl oz / ½ kop risvin eller tør sherry

60 ml / 4 spsk tomatsauce (ketchup)

45 ml / 3 spiseskefulde vineddike

300 ml / ½ pt / 1¼ kopper hønsebouillon

450 g/1 lb grønne bønner, skåret i skiver

friskkværnet vinpulver

5 dråber chiliolie

15 ml / 1 spsk majsmel (majsstivelse)

30 ml / 2 spsk vand

Skær anden i 8 eller 10 stykker. Varm olien op og steg anden gylden. Overfør til en skål. Tilsæt hvidløg, salt, løg, ingefær, sojasauce, vin eller sherry, tomatsauce og vineddike. Bland, dæk til og mariner i køleskabet i 3 timer.

Varm olien op, tilsæt and, bouillon og marinade, bring det i kog, læg låg på og lad det simre i 1 time. Tilsæt bønnerne, læg låg på og lad dem simre i 15 minutter. Tilsæt peber og chiliolie. Bland majsmel med vandet, bland det i gryden og kog under omrøring på en langsom ild, indtil saucen tykner.

Stuvet and

til 4 personer

1 and

salt og friskkværnet peber

olie til stegning

hoisinsauce

Krydr anden med salt og peber og læg den i en varmebestandig skål. Kom to tredjedele fuld af vand i en gryde, bring det i kog, læg låg på og lad det simre i cirka 1 1/2 time, indtil anden er mør. Dræn og lad afkøle.

Varm olien op og steg anden sprød og gyldenbrun. Fjern og dræn godt af. Skær i små stykker og server med Hoisinsauce.

And med eksotiske frugter

til 4 personer

4 andebrystfileter skåret i strimler

2,5 ml / ½ tsk fem-krydderi pulver

30 ml / 2 spsk sojasovs

15 ml/1 spsk sesamolie

15 ml / 1 spsk jordnøddeolie

3 stilke selleri i tern

2 skiver ananas i tern

100 g cantaloupe, skåret i tern

100 g/4 oz litchi, halveret

130 ml / 4 fl oz / ½ kop hønsefond

30 ml / 2 spsk tomatpure (pasta)

30 ml / 2 spsk hoisinsauce

10 ml / 2 teskefulde vineddike

pulveriseret brun farin

Læg anden i en skål. Bland femkrydderipulver, sojasovs og sesamolie, hæld over anden og mariner i 2 timer under omrøring af og til. Varm olien op og steg anden i 8 minutter. Fjern fra panden. Tilsæt selleri og frugt og svits i 5 minutter.

Kom anden tilbage i gryden med de øvrige ingredienser, bring det i kog, og kog i 2 minutter under omrøring inden servering.

Dampet and med kinesiske blade

til 4 personer

1 and

30 ml / 2 spsk risvin eller tør sherry

30 ml / 2 spsk hoisinsauce

15 ml / 1 spsk majsmel (majsstivelse)

5 ml/1 tsk salt

5 ml/1 tsk sukker

60 ml / 4 spiseskefulde jordnøddeolie

4 te, hakket

2 fed hvidløg, hakket

1 skive ingefærrod, hakket

75 ml / 5 spiseskefulde sojasovs

600 ml / 1 pt / 2½ kopper vand

225 g/8 oz kinesiske blade, revet

Skær anden i cirka 6 stykker. Rør vin eller sherry, hoisinsauce, majsstivelse, salt og sukker i, og gnid derefter anden. Lad hvile i 1 time. Varm olien op og steg løg, hvidløg og ingefær i et par sekunder. Tilsæt anden og steg, indtil den er let brunet på alle sider. Dræn det overskydende fedt. Tilsæt sojasovs og vand, bring det i kog, læg låg på og lad det simre i cirka 30 minutter.

Tilsæt porcelænsbladene, læg låg på igen og lad det simre i yderligere 30 minutter, indtil anden er mør.

beruset and

til 4 personer

2 te, hakket

2 fed hvidløg, finthakket

1,5 l / 2½ point / 6 kopper vand

1 and

450 ml / ¾ pt / 2 kopper risvin eller tør sherry

Kom løg, hvidløg og vand i en stor gryde og bring det i kog. Tilsæt and, bring det i kog, læg låg på og lad det simre i 45 minutter. Dræn godt af, behold væsken til suppen. Lad anden køle af, og stil den derefter på køl natten over. Skær anden i stykker og læg den i en stor krukke med skruetop. Hæld vin eller sherry over og stil på køl i cirka 1 uge, inden den drænes og serveres afkølet.

Fem-krydderi and

til 4 personer

150 ml / ¼ pt / generøs ½ kop risvin eller tør sherry

150 ml / ¼ pt / ½ kop generøs sojasovs

1 and

10 ml/2 tsk fem-krydderi pulver

Bring vinen eller sherryen og sojasovsen i kog. Tilsæt anden og rør rundt i cirka 5 minutter. Fjern anden fra gryden og gnid femkrydderipulveret ind i skindet. Kom fuglen tilbage i gryden og tilsæt nok vand til at halvt dække anden. Bring det i kog, læg låg på og lad det simre i cirka 1 1/2 time, indtil anden er mør, vend ofte og kog. Skær anden i 5 cm stykker og server varm eller kold.

Andesteg med ingefær

til 4 personer

1 and

2 skiver ingefærrod, revet

2 te, hakket

15 ml / 1 spsk majsmel (majsstivelse)

30 ml / 2 spsk sojasovs

30 ml / 2 spsk risvin eller tør sherry

2,5 ml / ½ tsk salt

45 ml / 3 spiseskefulde jordnøddeolie (peanut).

Fjern kødet fra benene og skær det i tern. Bland kødet med resten af ingredienserne undtagen olien. Lad hvile i 1 time. Varm olien op og kog anden i marinaden i cirka 15 minutter, til anden er mør.

And med skinke og porrer

til 4 personer

1 and

450g/1lb røget skinke

2 porrer

2 skiver ingefærrod, hakket

45 ml / 3 spsk risvin eller tør sherry

45 ml / 3 spsk sojasovs

2,5 ml / ½ tsk salt

Læg anden i en gryde og dæk med koldt vand. Bring det i kog, læg låg på og lad det simre i cirka 20 minutter. Dræn og reserver 450 ml / ¾ point / 2 kopper bouillon. Lad anden køle lidt af, skær derefter kødet fra benene og skær det i 5 cm firkanter. Skær skinken i lignende stykker. Skær porren i lange stykker, rul en skive and og skinke inde i bladet, og bind den derefter med sejlgarn. Læg i et varmefast fad. Tilsæt ingefær, vin eller sherry, sojasovs og salt til den reserverede bouillon og hæld anderullerne over. Placer skålen i en beholder fyldt med vand, indtil den når to tredjedele af vejen op ad beholderens sider. Bring det i kog, læg låg på og lad det simre i cirka 1 time, indtil anden er mør.

Andesteg med honning

til 4 personer

1 and

salt

3 fed hvidløg, hakket

3 te, hakket

45 ml / 3 spsk sojasovs

45 ml / 3 spsk risvin eller tør sherry

45 ml / 3 skeer honning

200 ml / 7 fl oz / sparsom 1 kop kogende vand

Dup anden tør og gnid salt indvendigt og udvendigt. Rør hvidløg, grønne løg, sojasovs og vin eller sherry i, og del derefter blandingen i to. Bland honningen på midten og påfør den på anden, og lad den tørre. Tilsæt vand til den resterende honningblanding. Hæld sojasovsblandingen i andehulen og læg den på en rist i en gryde med lidt vand i bunden. I en forvarmet ovn ved 180°C/350°F/gas 4 indstillinger ca. Bag i 2 timer, indtil anden er mør, og dryp den med den resterende honningblanding under tilberedningen.

Fugtig andesteg

til 4 personer

6 te, hakket

2 skiver ingefærrod, hakket

1 and

2,5 ml / ½ tsk stødt anis

15 ml/1 skefuld sukker

45 ml / 3 spsk risvin eller tør sherry

60 ml / 4 spsk sojasovs

250 ml / 8 fl oz / 1 kop vand

Læg halvdelen af forårsløgene og ingefæren i en stor tykbundet gryde. Læg resten i andehulen og kom i gryden. Tilsæt alle andre ingredienser undtagen hoisinsauce, bring det i kog, læg låg på og lad det simre i ca. 1 1/2 time, vend af og til. Tag anden af gryden og lad den tørre i cirka 4 timer.

Læg anden på en rist i en gryde fyldt med lidt koldt vand. Bag i en forvarmet ovn ved 230°C/450°F/gas 8 i 15 minutter, vend derefter og bag i yderligere 10 minutter, indtil de er sprøde. Opvarm i mellemtiden den reserverede væske og hæld den over anden til servering.

Andesteg med svampe

til 4 personer

1 and

75 ml / 5 spiseskefulde jordnøddeolie (peanut).

45 ml / 3 spsk risvin eller tør sherry

15 ml/1 spsk sojasovs

15 ml/1 skefuld sukker

5 ml/1 tsk salt

paprikapulver

2 fed hvidløg, hakket

225 g svampe, skåret i halve

600 ml / 1 stk / 2½ kopper hønsefond

15 ml / 1 spsk majsmel (majsstivelse)

30 ml / 2 spsk vand

5 ml/1 tsk sesamolie

Skær anden i 5 cm skiver, varm 45 ml/3 spsk olie og steg den let brunet på alle sider. Tilsæt vin eller sherry, sojasovs, sukker, salt og peber og lad det simre i 4 minutter. Fjern fra panden. Varm den resterende olie op og steg hvidløget let gyldent. Tilsæt svampene og rør, indtil olien er reduceret, kom derefter andeblandingen tilbage i gryden og tilsæt bouillon.

Bring det i kog, læg låg på og lad det simre i cirka 1 time, indtil anden er mør. Bland majsmel og vand, indtil det bliver en pasta, bland det derefter i blandingen og lad det simre under omrøring, indtil saucen tykner. Dryp med sesamolie og server.

And med to svampe

til 4 personer

6 tørrede kinesiske svampe
1 and
750 ml / 1¼ point / 3 kopper hønsefond
45 ml / 3 spsk risvin eller tør sherry
5 ml/1 tsk salt
100 g/4 oz bambusskud, skåret i strimler
100 g/4 oz svampe

Blødgør svampene i varmt vand i 30 minutter, og filtrer derefter. Kassér stilkene og skær toppen i halve. Læg anden i en stor varmefast skål med bouillon, vin eller sherry og salt, og læg den i en gryde fyldt med vand, og kom to tredjedele op ad gryden. Bring det i kog, læg låg på og lad det simre i cirka 2 timer, indtil anden er mør. Tag af gryden og skær kødet af benet. Hæld kogevæsken i en separat gryde. Læg bambusskuddene og begge typer svampe i bunden af dampkogeren, læg andekødet tilbage, læg låg på og damp i yderligere 30 minutter. Bring kogevæsken i kog og hæld anden over til servering.

Stuvet and med løg

til 4 personer

4 tørrede kinesiske svampe

1 and

90 ml / 6 spsk sojasovs

60 ml / 4 spiseskefulde jordnøddeolie

1 forårsløg (løg), finthakket

1 skive ingefærrod, hakket

45 ml / 3 spsk risvin eller tør sherry

450 g/1 lb løg, skåret i skiver

100 g/4 oz bambusskud, skåret i skiver

15 ml/1 spsk brun farin

15 ml / 1 spsk majsmel (majsstivelse)

45 ml / 3 spsk vand

Blødgør svampene i varmt vand i 30 minutter, og filtrer derefter. Kassér stilkene og skær toppen af. Gnid 15 ml/1 spsk sojasovs over anden. Reserver 15 ml / 1 spsk olie, opvarm den resterende olie og steg forårsløg og ingefær let gyldne. Tilsæt anden og steg, indtil den er let brunet på alle sider. Fjerner overskydende fedt. Tilsæt vin eller sherry, den resterende sojasovs i gryden og nok vand til næsten at dække anden.

Bring det i kog, læg låg på og lad det simre i 1 time, vend af og til.

Opvarm den reserverede olie og steg løget, indtil det er blødt. Tag det af varmen, tilsæt bambusskud og svampe, tilsæt så til anden, læg låg på og lad det simre i yderligere 30 minutter, indtil anden er mør. Tag anden ud af gryden, skær den i stykker og læg den på en varm tallerken. Bring væskerne i gryden i kog, tilsæt sukker og majsstivelse og kog under omrøring, indtil blandingen koger og tykner. Hæld anden over til servering.

And med appelsin

til 4 personer

1 and

3 te, skåret i stykker

2 skiver ingefærrod, skåret i strimler

1 skive appelsinskal

salt og friskkværnet peber

Læg anden i en stor gryde, dæk med vand og bring det i kog. Tilsæt løg, ingefær og appelsinskal, læg låg på og lad det simre i cirka 1 1/2 time, indtil anden er mør. Smag til med salt og peber, sigt og server.

Andesteg med appelsin

til 4 personer

1 and

2 fed hvidløg, skåret i halve

45 ml / 3 spiseskefulde jordnøddeolie (peanut).

1 løg

1 appelsin

120 ml / 4 fl oz / ½ kop risvin eller tør sherry

2 skiver ingefærrod, hakket

5 ml/1 tsk salt

Gnid hvidløget på indersiden og ydersiden af anden, og pensl det derefter med olie. Prik det pillede løg med en gaffel, læg det i andehulen sammen med den usrællede appelsin og luk det med et spyd. Læg anden på en rist i en bakke fyldt med lidt varmt vand og bag i en ovn forvarmet til 160°C i cirka 2 timer. Hæld væsken fra og kom anden tilbage i gryden. Hæld vin eller sherry over og drys med ingefær og salt. Sæt den tilbage i ovnen i yderligere 30 minutter. Kassér løg og appelsin, og server anden skåret i små stykker. Ved servering hældes pandesaften over anden.

And med pærer og kastanjer

til 4 personer

225 g/8 oz kastanjer, afskallede

1 and

45 ml / 3 spiseskefulde jordnøddeolie (peanut).

250 ml / 8 fl oz / 1 kop hønsefond

45 ml / 3 spsk sojasovs

15 ml / 1 spsk risvin eller tør sherry

5 ml/1 tsk salt

1 skive ingefærrod, hakket

1 stor pære, skrællet og skåret i tykke skiver

15 ml/1 skefuld sukker

Kog kastanjerne i 15 minutter, og dræn derefter. Skær anden i 5 cm stykker, varm olien op og steg den let brunet på alle sider. Dræn den overskydende olie, og tilsæt derefter bouillon, sojasovs, vin eller sherry, salt og ingefær. Bring i kog, læg låg på og lad det simre i 25 minutter under omrøring af og til. Tilsæt kastanjerne, læg låg på og lad det simre i yderligere 15 minutter. Drys pærerne med sukker, tilsæt til gryden og kog i cirka 5 minutter, indtil de er gennemvarme.

Peking and

for 6

1 and

250 ml / 8 fl oz / 1 kop vand

120 ml / 4 fl oz / ½ kop honning

120 ml / 4 fl oz / ½ kop sesamolie

Til pandekager:

250 ml / 8 fl oz / 1 kop vand

225 g / 8 oz / 2 kopper almindeligt mel (all-purpose)

jordnøddeolie til stegning

til saucer:

120 ml / 4 fl oz / ½ kop hoisinsauce

30 ml / 2 spsk brun farin

30 ml / 2 spsk sojasovs

5 ml/1 tsk sesamolie

6 teer, skåret på langs

1 agurk skåret i strimler

Anden skal være hel, med intakt skind. Bind halsen fast med sejlgarn og sy eller fastgør den nederste åbning. Skær en lille slids i siden af halsen, stik et sugerør ind og blæs luft ind under huden, indtil den svulmer. Hæng anden på en tallerken og lad den hvile i 1 time.

Kog vand i en gryde, tilsæt anden og kog i 1 minut, fjern derefter og tør godt. Kog vandet op og tilsæt honningen. Gnid blandingen ind i huden på and, indtil den er mættet. Hæng anden over et fad et køligt, luftigt sted i cirka 8 timer, indtil skindet er fast.

Hæng anden eller læg den på en rist over en bradepande og steg i en ovn, der er forvarmet til 180°C/350°F/gasmærke 4 i ca. 1,5 time, og drys jævnligt med sesamolie.

Kog vandet til pandekagerne, og tilsæt derefter melet gradvist. Ælt forsigtigt til dejen er blød, dæk med et fugtigt klæde og lad den hvile i 15 minutter. Rul den ud på en meldrysset overflade og form den til en lang cylinder. Skær i 2,5 cm skiver, flad derefter til ca. 5 mm/¼ tykkelse og pensl toppen med olie. Stabel dem parvis, så de olierede overflader rører hinanden, og drys let udenpå med mel. Rul parrene ud til cirka 10 cm brede og steg hvert par i cirka 1 minut på hver side, indtil de er let brune. Adskil og bunke op indtil servering.

Tilbered saucerne ved at blande halvdelen af hoisinsaucen med sukkeret og resten af hoisinsaucen med sojasovsen og sesamolie.

Tag anden ud af ovnen, skær skindet af og skær det i firkanter, og skær kødet i tern. Anbring på separate tallerkener og server med pandekager, saucer og tilbehør.

Stuvet and med ananas

til 4 personer

1 and

400 g/14 oz dåse ananas bidder i sirup

45 ml / 3 spsk sojasovs

5 ml/1 tsk salt

friskkværnet vinpulver

Læg anden i en tyk gryde, hæld lige nok vand, bring det i kog, læg låg på og lad det simre i 1 time. Hæld ananassiruppen i gryden med sojasovsen, smag til med salt og peber, læg låg på og lad det simre i yderligere 30 minutter. Tilsæt ananasstykkerne og lad det simre i yderligere 15 minutter, indtil anden er mør.

Andesteg med ananas

til 4 personer

1 and
45 ml / 3 spsk majsmel (majsstivelse)
45 ml / 3 spsk sojasovs
225 g/8 oz dåse ananas i sirup
45 ml / 3 spiseskefulde jordnøddeolie (peanut).
2 skiver ingefærrod, skåret i strimler
15 ml / 1 spsk risvin eller tør sherry
5 ml/1 tsk salt

Skær kødet fra benet og skær det i tern. Bland sojasaucen med 30 ml/2 spsk majsmel og vend med anden, indtil den er godt dækket. Lad stå i 1 time, rør af og til. Mos ananas og sirup og varm forsigtigt i en gryde. Bland det resterende majsmel med lidt vand, bland det i gryden og lad det simre under omrøring, indtil saucen tykner. Forbliv varm. Varm olien op og steg ingefæren let gylden, kassér derefter ingefæren. Tilsæt anden og steg, indtil den er let brunet på alle sider. Tilsæt vin eller sherry og salt og svits i et par minutter mere, indtil anden er mør. Læg anden på en varm tallerken, hæld saucen over og server straks.

Ananas og ingefærand

til 4 personer

1 and
100 g/4 oz konserveret ingefær i sirup
200 g/7 oz dåse ananas bidder i sirup
5 ml/1 tsk salt
15 ml / 1 spsk majsmel (majsstivelse)
30 ml / 2 spsk vand

Læg anden i et varmefast fad og sænk den ned i en gryde fyldt med vand, indtil den når to tredjedele op ad fadets sider. Bring det i kog, læg låg på og lad det simre i cirka 2 timer, indtil anden er mør. Fjern anden og lad den køle lidt af. Fjern skind og ben og skær anden i stykker. Anret på en tallerken og hold den varm.

Dræn ingefær og ananassirup i en gryde, tilsæt salt, majsmel og vand. Bring i kog, under omrøring, og kog under omrøring i et par minutter, indtil saucen bliver klar og tykner. Tilsæt ingefær og ananas, vend og hæld over anden til servering.

And med ananas og litchi

til 4 personer

4 andebryst

15 ml/1 spsk sojasovs

1 stjerneanis hvalp

1 skive ingefærrod

jordnøddeolie til stegning

90 ml / 6 spiseskefulde vineddike

100 g / 4 oz / ½ kop brun farin

250 ml / 8 fl oz / ½ kop hønsefond

15 ml / 1 ske tomatsauce (ketchup)

200 g/7 oz dåse ananas bidder i sirup

15 ml / 1 spsk majsmel (majsstivelse)

6 æsker litchi

6 maraschino kirsebær

Læg ænder, sojasovs, anis og ingefær i en gryde og dæk med koldt vand. Bring det i kog, skum fedtet af, læg låg på og lad det simre i cirka 45 minutter, indtil anden er mør. Dræn og tør. Steg i varm olie til de er sprøde.

Kombiner i mellemtiden vineddike, sukker, bouillon, tomatsauce og 30 ml/2 spsk ananassirup i en gryde, bring det i kog og kog i ca. 5 minutter, indtil det er tyknet. Tilsæt frugten og varm igennem, inden den hældes over anden til servering.

And med svinekød og kastanjer

til 4 personer

6 tørrede kinesiske svampe

1 and

225 g/8 oz kastanjer, afskallede

225 g/8 oz magert svinekød i tern

3 te, hakket

1 skive ingefærrod, hakket

250 ml / 8 fl oz / 1 kop sojasovs

900 ml / 1½ point / 3¾ kopper vand

Blødgør svampene i varmt vand i 30 minutter, og filtrer derefter. Kassér stilkene og skær toppen af. Kom i en stor gryde med alle de øvrige ingredienser, bring i kog, læg låg på og lad det simre i ca 1 1/2 time, indtil anden er mør.

And med kartofler

til 4 personer

75 ml / 5 spiseskefulde jordnøddeolie (peanut).

1 and

3 fed hvidløg, hakket

30 ml / 2 spsk sort bønnesauce

10 ml / 2 teskefulde salt

1,2 l / 2 point / 5 kopper vand

2 porrer, skåret i tykke skiver

15 ml/1 skefuld sukker

45 ml / 3 spsk sojasovs

60 ml / 4 spsk risvin eller tør sherry

1 stjerneanis hvalp

900g/2lb kartofler, tykke skiver

½ hoved kinesisk blad

15 ml / 1 spsk majsmel (majsstivelse)

30 ml / 2 spsk vand

kviste af fladbladet persille

Varm 60 ml/4 spsk olie op og steg anden brun på alle sider. Bind eller sy enden af halsen og læg andehalsen ned i en dyb skål. Varm den resterende olie op og steg hvidløget let gyldent.

Tilsæt den sorte bønnesauce og salt og lad det simre i 1 minut. Tilsæt vand, porrer, sukker, sojasovs, vin eller sherry og stjerneanis og bring det i kog. Hæld 120 ml / 8 fl oz / 1 kop af blandingen i andens hulrum og nål eller sy. Bring resten af blandingen i kog i gryden. Tilsæt and og kartofler, læg låg på og lad det simre i 40 minutter, vend anden en gang. Læg de kinesiske blade på en tallerken. Tag anden op af gryden, skær den i 5 cm/2 cm stykker og læg den på serveringsfadet sammen med kartoflerne. Bland majsmel med vandet, indtil det bliver en pasta, bland det i gryden og kog under omrøring ved svag varme, indtil saucen tykner.

Rød kogt and

til 4 personer

1 and

4 te, skåret i stykker

2 skiver ingefærrod, skåret i strimler

90 ml / 6 spsk sojasovs

45 ml / 3 spsk risvin eller tør sherry

10 ml / 2 teskefulde salt

10 ml / 2 teskefulde sukker

Læg anden i en tyk pande, hæld vand over og bring det i kog. Tilsæt løg, ingefær, vin eller sherry og salt, læg låg på og lad det simre i cirka 1 time. Tilsæt sukkeret og lad det simre i yderligere 45 minutter, indtil anden er mør. Skær anden på et fad og server varm eller kold, med eller uden sauce.

Andesteg med risvin

til 4 personer

1 and

500 ml / 14 fl oz / 1¾ kopper risvin eller tør sherry

5 ml/1 tsk salt

45 ml / 3 spsk sojasovs

Læg anden i en tyk gryde med sherry og salt, bring det i kog, læg låg på og lad det simre i 20 minutter. Dræn anden, gem væsken, og gnid med sojasovs. Læg på en rist på en bakke fyldt med lidt varmt vand og bag i en ovn forvarmet til 180°C/350°F/gasmærke 4 i ca. I 1 time drysses jævnligt med den reserverede vinvæske.

Braiseret and med risvin

til 4 personer

1 and

4 tekander, skåret i halve

1 skive ingefærrod, hakket

250 ml / 8 fl oz / 1 kop risvin eller tør sherry

30 ml / 2 spsk sojasovs

knivspids salt

Kog anden i kogende vand i 5 minutter, og dræn derefter. Kom i en varmefast skål sammen med resten af ingredienserne. Placer skålen i en beholder fyldt med vand, indtil den når to tredjedele af vejen op ad beholderens sider. Bring det i kog, læg låg på og lad det simre i cirka 2 timer, indtil anden er mør. Kassér løg og ingefær inden servering.

Saltet and

til 4 personer

45 ml / 3 spiseskefulde jordnøddeolie (peanut).

4 andebryst

3 te, skåret i skiver

2 fed hvidløg, hakket

1 skive ingefærrod, hakket

250 ml / 8 fl oz / 1 kop sojasovs

30 ml / 2 spsk risvin eller tør sherry

30 ml / 2 spsk brun farin

5 ml/1 tsk salt

450 ml / ¾ pt / 2 kopper vand

15 ml / 1 spsk majsmel (majsstivelse)

Varm olien op og steg andebrystet til det er brunt. Tilsæt løg, hvidløg og ingefær og steg i 2 minutter. Tilsæt sojasovs, vin eller sherry, sukker og salt og bland godt. Tilsæt vandet, bring det i kog, læg låg på og lad det simre i cirka 1 1/2 time, indtil kødet er meget mørt. Bland majsmel med lidt vand, bland det derefter i gryden og kog under omrøring ved svag varme, indtil saucen tykner.

Saltet and med grønne bønner

til 4 personer

45 ml / 3 spiseskefulde jordnøddeolie (peanut).

4 andebryst

3 te, skåret i skiver

2 fed hvidløg, hakket

1 skive ingefærrod, hakket

250 ml / 8 fl oz / 1 kop sojasovs

30 ml / 2 spsk risvin eller tør sherry

30 ml / 2 spsk brun farin

5 ml/1 tsk salt

450 ml / ¾ pt / 2 kopper vand

225 g/8 oz grønne bønner

15 ml / 1 spsk majsmel (majsstivelse)

Varm olien op og steg andebrystet til det er brunt. Tilsæt løg, hvidløg og ingefær og steg i 2 minutter. Tilsæt sojasovs, vin eller sherry, sukker og salt og bland godt. Tilsæt vandet, bring det i kog, læg låg på og lad det simre i cirka 45 minutter. Tilsæt bønnerne, læg låg på og lad det simre i yderligere 20 minutter. Bland majsmel med lidt vand, bland det derefter i gryden og kog under omrøring ved svag varme, indtil saucen tykner.

Langsomt kogt and

til 4 personer

1 and

50 g / 2 oz / ½ kop majsmel (majsstivelse)

olie til stegning

2 fed hvidløg, hakket

30 ml / 2 spsk risvin eller tør sherry

30 ml / 2 spsk sojasovs

5 ml / 1 tsk revet ingefærrod

750 ml / 1¼ point / 3 kopper hønsefond

4 tørrede kinesiske svampe

225 g/8 oz bambusskud, skåret i skiver

225 g/8 oz vandkastanjer, skåret i skiver

10 ml / 2 teskefulde sukker

paprikapulver

5 te, skåret i skiver

Skær anden i små stykker. Gem 30 ml/2 spsk majsmel og pensl det resterende majsmel over anden. Fjern overskydende støv. Varm olien op og steg hvidløg og and til de er let gyldne. Tag af panden og afdryp på køkkenpapir. Læg anden i en stor bradepande. Rør vinen eller sherryen, 15 ml/1 spsk sojasovs og ingefær i. Tilsæt til gryden og kog ved høj varme i 2 minutter. Tilsæt halvdelen af fonden, bring det i kog, læg låg på og lad det simre i cirka 1 time, indtil anden er mør.

Blød i mellemtiden svampene i varmt vand i 30 minutter, og filtrer derefter. Kassér stilkene og skær toppen af. Tilsæt svampe, bambusskud og vandkastanjer til anden og kog under jævnlig omrøring i 5 minutter. Skær fedtet fra væsken. Bland den resterende bouillon, majsmel og sojasovs med sukker og peber, og rør derefter i gryden. Bring det i kog, under omrøring, og lad det derefter simre i cirka 5 minutter, indtil saucen tykner. Kom i en varm skål og server med te.

Stegt and

til 4 personer

1 æggehvide, let pisket

20 ml / 1½ spsk majsmel (majsstivelse)

salt

450 g/1 lb andebryst, skåret i tynde skiver

45 ml / 3 spiseskefulde jordnøddeolie (peanut).

2 teer skåret i strimler

1 grøn peberfrugt skåret i strimler

5 ml / 1 tsk risvin eller tør sherry

75 ml / 5 spiseskefulde hønsefond

2,5 ml / ½ tsk sukker

Pisk æggehviderne med 15 ml/1 spsk majsmel og en knivspids salt. Tilsæt den snittede and og pisk indtil anden er dækket. Varm olien op og steg anden gyldenbrun. Fjern anden fra gryden og dræn alt undtagen 30 ml/2 spsk olie. Tilsæt purløg og peber og svits i 3 minutter. Tilsæt vin eller sherry, bouillon og sukker og bring det i kog. Bland det resterende majsmel med lidt vand, bland det i saucen og lad det simre under omrøring, indtil saucen tykner. Tilsæt and, varm igennem og server.

And med søde kartofler

til 4 personer

1 and

250 ml / 8 fl oz / 1 kop jordnøddeolie.

225 g/8 oz søde kartofler, skrællet og skåret i tern

2 fed hvidløg, hakket

1 skive ingefærrod, hakket

2,5 ml / ½ tsk kanel

2,5 ml / ½ tsk stødt nelliker

en knivspids formalet anis

5 ml/1 tsk sukker

15 ml/1 spsk sojasovs

250 ml / 8 fl oz / 1 kop hønsefond

15 ml / 1 spsk majsmel (majsstivelse)

30 ml / 2 spsk vand

Skær anden i 5 cm stykker, varm olien op og steg kartoflerne gyldenbrune. Fjern fra panden og dræn alt undtagen 30 ml/2 spsk olie. Tilsæt hvidløg og ingefær og steg i 30 sekunder. Tilsæt anden og steg, indtil den er let brunet på alle sider. Tilsæt krydderier, sukker, sojasovs og bouillon, og bring det derefter i kog. Tilsæt kartoflerne, læg låg på og lad det simre i cirka 20 minutter, indtil anden er mør. Bland majsmelet med vandet, indtil det bliver en pasta, bland det derefter i gryden og kog under omrøring ved svag varme, indtil saucen tykner.

sød og sur and

til 4 personer

1 and

1,2 l / 2 point / 5 kopper kyllingesuppe

2 løg

2 gulerødder

2 fed hvidløg, skåret i skiver

15 ml / 1 spsk marinade krydderier

10 ml / 2 teskefulde salt

10 ml / 2 teskefulde jordnøddeolie

6 te, hakket

1 mango, skrællet og skåret i tern

12 litchi skåret i halve

15 ml / 1 spsk majsmel (majsstivelse)

15 ml/1 spsk vineddike

10 ml / 2 tsk tomatpure (pasta)

15 ml/1 spsk sojasovs

5 ml/1 tsk fem-krydderi pulver

300 ml / ½ pt / 1¼ kopper hønsebouillon

Damp anden over en pande med bouillon, løg, gulerod, hvidløg, pickles og salt. Læg låg på og lad det simre i 2 1/2 time. Afkøl anden, læg låg på og lad den køle af i 6 timer. Fjern kødet fra benene og skær det i tern. Varm olien op og steg and og forårsløg til de er sprøde. Tilsæt de øvrige ingredienser, bring det i kog og kog under omrøring i 2 minutter, indtil saucen tykner.

mandarin and

til 4 personer

1 and

60 ml / 4 spiseskefulde jordnøddeolie

1 stykke tørret mandarin skræl

900 ml / 1½ pct / 3¾ kopper hønsefond

5 ml/1 tsk salt

Hæng anden til tørre i 2 timer. Varm halvdelen af olien op og steg anden lidt gyldenbrun. Overfør til en stor varmefast skål. Varm den resterende olie op og steg mandarinskallen i 2 minutter, og tilsæt den derefter til anden. Hæld bouillonen over anden og smag til med salt. Stil fadet på en rist i en dampkoger, læg låg på og damp i cirka 2 timer, til anden er mør.

And med grøntsager

til 4 personer

1 stor and, skåret i 16 stykker

salt

300 ml / ½ pt / 1¼ kopper vand

300 ml / ½ pt / 1¼ kopper tør hvidvin

120 ml / 4 fl oz / ½ kop vineddike

45 ml / 3 spsk sojasovs

30 ml / 2 spsk blommesauce

30 ml / 2 spsk hoisinsauce

5 ml/1 tsk fem-krydderi pulver

6 te, hakket

2 finthakkede gulerødder

5 cm / 2 finthakkede hvide radiser

50 g/2 oz bok choy i tern

friskkværnet peber

5 ml/1 tsk sukker

Læg andestykkerne i en skål, drys med salt, tilsæt vand og vin. Tilsæt vineddike, sojasauce, blommesauce, hoisinsauce og femkrydderipulver, bring det i kog, læg låg på og lad det simre i ca. 1 time. Kom grøntsagerne i gryden, tag låget af og kog i yderligere 10 minutter. Smag til med salt, peber og sukker, og lad det køle af. Dæk til og stil på køl natten over. Skær fedtet af og varm anden op i saucen i 20 minutter.

Andesteg med grøntsager

til 4 personer

4 tørrede kinesiske svampe

1 and

10 ml / 2 tsk majsmel (majsstivelse)

15 ml/1 spsk sojasovs

45 ml / 3 spiseskefulde jordnøddeolie (peanut).

100 g/4 oz bambusskud, skåret i strimler

50 g vandkastanjer, skåret i strimler

120 ml / 4 fl oz / ½ kop hønsefond

15 ml / 1 spsk risvin eller tør sherry

5 ml/1 tsk salt

Blødgør svampene i varmt vand i 30 minutter, og filtrer derefter. Kassér stilkene og skær toppen af. Fjern kødet fra benene og skær det i tern. Bland majsmel og sojasovs, tilsæt andekødet og lad det hvile i 1 time. Varm olien op og steg anden let brunet på alle sider. Fjern fra panden. Tilsæt svampe, bambusskud og vandkastanjer på panden og steg i 3 minutter. Tilsæt bouillon, vin eller sherry og salt, bring det i kog og lad det simre i 3 minutter. Læg anden i gryden, læg låg på og kog i yderligere 10 minutter, indtil anden er mør.

Kogt hvid and

til 4 personer

1 skive ingefærrod, hakket

250 ml / 8 fl oz / 1 kop risvin eller tør sherry

salt og friskkværnet peber

1 and

3 te, hakket

5 ml/1 tsk salt

100 g/4 oz bambusskud, skåret i skiver

100 g røget skinke, skåret i skiver

Rør ingefær, 15 ml/1 spsk vin eller sherry, lidt salt og peber i. Pensl anden med det og lad det stå i 1 time. Læg fuglen i en tykbundet gryde med marinaden og tilsæt forårsløg og salt. Tilsæt koldt vand nok til at dække anden, bring det i kog, læg låg på og lad det simre i cirka 2 timer, indtil anden er mør. Tilsæt bambusskud og skinke og lad det simre i yderligere 10 minutter.

And med vin

til 4 personer

1 and
15 ml/1 spsk gul bønnesauce
1 finthakket løg
1 flaske tør hvidvin

Overtræk anden indvendig og udvendig med den gule bønnesauce. Læg løget i hulrummet. Bring vinen i kog i en stor gryde, tilsæt anden, bring det i kog igen, læg låg på og lad det simre i cirka 3 timer, indtil anden er mør. Dræn og skær i skiver til servering.

www.ingramcontent.com/pod-product-compliance
Lightning Source LLC
Chambersburg PA
CBHW071854110526
44591CB00011B/1406